NLP für Anfänger

-

Das richtige Mindset für Ihre Persönlichkeitsentwicklung

Wie Sie Ihre Gedanken kontrollieren und das eigene Unterbewusstsein programmieren um erfolgreicher im Leben zu werden.

ANNA-LENA KUEHL

1.Auflage

ISBN: 9798734441619

Inhaltsverzeichnis

Ein glückliches Leben mit NLP

Sie möchten ungeliebte Verhaltensformen ändern, Einschränkungen überwinden und Ihr Denken von Ängsten und Sorgen befreien? Hierbei kann Ihnen die Methode des NLP helfen und dafür sorgen, dass Sie von einer glücklichen und hochwertigen Lebensstruktur profitieren.

NLP – hinter dieser Abkürzung versteckt sich schon einmal kein Paketlieferdienst und auch keine politische Partei. Stattdessen stehen die drei Buchstaben für den Begriff *Neuro-Linguistisches Programmieren*. Der Wortteil „neuro“ bezeichnet dabei das Gehirn und Nervensystem des Menschen, mit welchen er die Informationen seiner Umwelt über die fünf Sinne wahrnimmt und im Gehirn weiterverarbeitet. Der mittlere Teil dieses Begriffes, die „Linguistik“, bezeichnet die Sprache und Kommunikation des Menschen. So findet jeden Tag eine innere Kommunikation des Menschen mit sich selbst statt. Aber auch eine äußere Kommunikation des Menschen mit seiner Umwelt und seinen Mitmenschen erfolgt regelmäßig. Dabei bezieht sich die Linguistik nicht nur auf die verbale Sprache, also die gesprochenen Laute, sondern auch auf die nonverbale Kommunikation welche auf den kleinsten Ebenen, z.B. durch Mimik oder Gestik, vonstatten gehen kann. Schlussendlich fehlt noch das „Programmieren“. Dieser Begriff steht für das Erlernen neuer Dinge und dem Umlernen von bereits Gelerntem. Wer sich selbst programmiert, verändert und optimiert zielgerichtet und systematisch Wünsche und Werte und kann diese nachhaltig im Leben integrieren.

Bei dem NLP handelt es sich demnach um eine Kommunikationstechnik, welche aus einer Ansammlung mehrerer Techniken besteht. Diese eignen sich zur Optimierung und positiven Beeinflussung bestimmter Abläufe im Gehirn. Hierbei wurde das Rad nicht neu erfunden, denn NLP ist keine neue Idee oder Methode – stattdessen besteht das Neuro-Linguistische Programmieren aus einer großen Fülle mehrerer kleinerer Techniken, die in den verschiedensten Lebensbereichen greifen und das Potential besitzen, diese zu optimieren. Nutzer des NLPs lernen, bereits vorhandene Denkweisen und Verhaltensmuster zu erkennen und, bei Bedarf, zu verändern. Außerdem erlernen Menschen, die sich mit dem NLP beschäftigen, ihre persönliche Umgebung bewusst bzw. bewusster, wahrzunehmen. Dies ermöglicht es dem Menschen–eine enorme Freiheit im Denken, Fühlen und Handeln zu erleben, was sich in einer hohen Lebensqualität widerspiegelt.

Ziele des NLP

Bei dem NLP handelt es sich um eine Methode, die Ihr Leben nachhaltig verändern kann, denn es ist quasi wie eine Bedienungsanleitung für die eigenen Gedanken und somit für das alltägliche Leben. Wer sich mit NLP beschäftigt, der wird erlernen, mit sich selbst und mit seinen Mitmenschen wertschätzend umzugehen und das eigene Leben mit Sinn und, entsprechend der eigenen Werte, zu gestalten. Somit handelt es sich beim NLP um eine sehr hochwertige Methode, die Sie nicht mit negativen Gedanken oder Zweifeln beschäftigen wird, sondern Ihnen zeigt, was es bedeutet ein positives und sinnvolles Leben zu leben. Insbesondere bei der eigenen Persönlichkeitsentwicklung und bei der Kommunikation (mit einem selbst und mit anderen Menschen) bewirkt die Methode wahre Wunder. Sie kann Ihnen helfen unerwünschte Verhaltensweisen zu ändern, die eigene Kommunikation zu verbessern sowie zu erreichen, dass Sie andere verstehen und ebenso verstanden werden. Auch dient das NLP Ihnen als Unterstützung in der Erziehung von Kindern und hilft Ihnen, berufliche und private Beziehungen intensiver zu gestalten und somit in vielen Bereichen erfolgreicher zu werden.

Das Neuro-Linguistische Programmieren hilft Ihnen, die eigenen Träume und Lebensziele zu erkennen und zu realisieren. Bei dem NLP handelt es sich um eine stark persönlichkeitsentwickelnde Methode, die eine enorme Steigerung Ihrer Selbstwirksamkeit erzeugt und Ihnen dabei hilft, Ihre Kommunikation kontinuierlich zu verbessern. Es versetzt Sie in die Lage sich selbst besser kennen zu lernen, was viele positive Nebeneffekte zur Folge hat:

- Sie steigern Ihr Selbstvertrauen und Ihre Selbstwirksamkeit
- Sie gestalten Ihre zwischenmenschlichen Beziehungen wertvoller
- Sie verbessern Ihre Kommunikation (nach innen und außen)
- Sie lernen, die eigenen Gefühle und Handlungen – und somit sich selbst – besser zu verstehen
- Sie werden anfangen negative Glaubenssätze aufzulösen
- Sie werden die eigenen Ziele erkennen und realisieren
- Sie entwickeln Kreativität und Handlungsalternativen
- Sie erlangen eine Konfliktfähigkeit und können somit gut mit Auseinandersetzungen umgehen
- Sie erkennen Ihre persönlichen Stärken und leben diese aus
- Sie finden berufliche und private Erfüllung

Für wen eignet sich das NLP?

Das Neuro-Linguistische Programmieren eignet sich für jeden Menschen, der etwas in seinem Leben verändern möchte. Dieser Veränderungswunsch kann sich dabei auf verschiedene Bereiche im Leben beziehen. So können berufliche Themen, wie eine gewünschte Führungsverantwortung, aber auch Unzufriedenheit am Arbeitsplatz oder Konflikte mit Kollegen dazu führen, dass ein Mensch sich mit dem NLP beschäftigt. Auch Veränderungswünsche im privaten Bereich lassen sich durch das NLP angehen und realisieren, denn die Methode kann Sinnesfragen im Leben, Partnerschaftsprobleme, ein niedriges Selbstwertgefühl, emotional belastende Themen und häufig auftretende Konflikte mit Mitmenschen positiv beeinflussen und verändern.

Die Wirkung von NLP ist demnach im eigenen Erleben am intensivsten spürbar, denn Sie treiben den eigenen Entwicklungsprozess immer weiter voran während Sie sich in der Selbstreflexion besser kennenlernen und eine Analyse der eigenen Gedanken- und Verhaltensmuster betreiben. Das Neuro-Linguistische Programmieren eignet sich somit für jeden Menschen, unabhängig davon, aus welchem Lebensumfeld er stammt und was er in seinem Leben erreichen möchte. Eines muss jedoch zwingend mitgebracht werden um Ergebnisse zu erreichen: Wer das NLP erlernen möchte muss ein gewisses Maß an Offenheit für eine Veränderung in seinem Leben mitbringen und bereit sein, neue Denkmuster und Modelle in seinem Handeln und Denken zu integrieren, die den eigenen Wachstumsprozess unterstützen. Zusammenfassend lässt sich das Neuro-Linguistische Programmieren in vielen verschiedenen Lebensbereichen anwenden:

- **Für die Persönlichkeitsentwicklung**: Der Mensch entfaltet sein Selbst
- **Für Partnerschaften**: Beziehungen werden intensiviert
- **Für Konflikte**: Eine zielführende Kommunikation wird erlernt, um Konflikte schnell und einfach zu lösen
- **Für Menschen in Führungspositionen**: Die eigenen Kompetenzen werden gestärkt
- **Für die Erziehung**: Ein wertschätzender Umgang mit der Familie wird gefördert
- **Für Menschen im Coaching-, im Beratungs- oder im Therapie-Bereich**
- **Für eine Entwicklung und Steigerung der Motivation**
- **Für Menschen in Verkaufspositionen**: Die Bedürfnisse des Kunden werden erfüllt
- **Für Schulen und Kindertagesstätten**: Kinder werden individuell gefördert
- **Für die Verwirklichung von Lebensträumen**

Wissenschaftlicher Hintergrund – Die Entstehung des NLPs

Das Konzept des Neuro-Linguistischen Programmierens wurde zu Beginn der 1970er Jahre von Richard Bandler, John Grinder und Frank Pucelik begründet. Zunächst war das Ziel der akademischen Forschung nicht, das NLP zu entwickeln oder zu entdecken, es entstand quasi als Nebenprodukt. Das hauptsächliche Augenmerk wurde auf eine bestimmte Fragestellung gelegt: Wieso erzielen einige Psychotherapeuten, Psychologen und Psychiater überragende Ergebnisse in ihren Therapien, während wieder andere (mit einem ebenso hochwertigen Fachtraining und Können) es nicht schaffen, diese Ergebnisse zu erzielen? Schließlich betrachteten Grinder, Bandler und Pucelik die Therapieansätze erfolgreicher Therapeuten und trugen diese zu einer Sammlung zusammen, welche uns heutzutage als Neuro-Linguistisches Programmieren bekannt ist. Beim NLP handelt es sich also im Endeffekt um nichts anderes als einer Ansammlung an Therapiemethoden und Kommunikationstechniken, die eine hohe Erfolgsquote haben und überaus einfach anzuwenden sind. Dadurch, dass die drei Akademiker jeden einzelnen Therapieansatz sehr detailliert aufgearbeitet haben, ist es selbst für Dritte ein Einfaches sich die Methoden anzueignen und somit die eigenen Fähigkeiten auszubauen und zu verbessern. Integriert in die einzelnen NLP-Methoden sind dabei Konzepte aus der Gestalttherapie, der klientenzentrierten Therapie, der Hypnotherapie sowie den Kognitionswissenschaften und des Konstruktivismus.

Dabei grenzt sich das Neuro-Linguistische Programmieren von der Neurolinguistik und auch der Linguistik im Allgemeinen ab, auch wenn die Verwandtschaft deutlich zu erkennen ist. Letztlich bewirkt NLP, dass Vorgänge im Gehirn („*neuro*") mithilfe von Sprache („*linguistik*") systematisch veränderbar sind („Programmieren"), was sich in den Handlungsweisen und in der Kommunikation des Menschen widerspiegelt. Das NLP ist jedoch keine eigenständige Wissenschaft und konnte eine Wirksamkeit im wissenschaftlichen Rahmen bisher noch nicht nachweisen. Das Neuro-Linguistische Programmieren basiert aber auf verschiedenen wissenschaftlichen Fachbereichen, wie der Psychologie und der Linguistik, und nutzt Erkenntnisse aus einer Vielzahl von Wissenschaften. Auch wenn die Erfolge des NLPs nicht wissenschaftlich nachweisbar sind, hat es bereits vielen Menschen in den unterschiedlichsten Lebensbereichen geholfen und besitzt das Potential, auch Ihnen zu einem hochwertigeren und erfüllteren Alltag zu verhelfen.

Kritik an NLP – ist NLP gefährlich?

Neben der Kritik, dass NLP nicht wissenschaftlich ist, gibt es leider auch eine Vielzahl anderer Punkte, die Kritiker als negativ oder gar gefährlich betrachten. So ist NLP in den Augen vieler Menschen eher eine Manipulationstechnik und keine Kommunikationsmethode. Auch eine Verwandtschaft zu Sekten-Gruppierungen oder ähnlichem wird dem Neurolinguistischen Programmieren immer wieder nachgesagt. Im Folgenden eine kleine Übersicht, welche entgegen aller Kritik für NLP spricht:

Kritikpunkt Nummer 1: *NLP ist wie eine Sekte*

Das NLP verfolgt ein hauptsächliches Ziel, nämlich das versteckte Potential eines Menschen ans Tageslicht zu bringen und auszubauen, damit die jeweilige Person ein hochwertigeres Leben führen kann. Das Neurolinguistische Programmieren kann durch das Lesen eines Buches, zum Beispiel dem Ratgeber in Ihrer Hand, erlernt werden. Es ist jedoch häufiger der Fall, dass Menschen eine Ausbildung im NLP absolvieren und sich mit anderen Menschen in einer Gruppe treffen. Auch treten die Erfolgserlebnisse durch das NLP im Regelfall sehr schnell ein, weswegen Anhänger dieser Methode große Begeisterung erleben und ihren Mitmenschen, aus der eigenen persönlichen Motivation heraus, von dieser Technik berichten möchten.

Tatsächlich wird das Neurolinguistische Programmieren teilweise jedoch bewusst zur Manipulation in modernen Sekten eingesetzt. Das bedeutet jedoch nicht, dass das NLP an sich eine Sekte ist. Genau genommen grenzt sich das NLP stark von Sekten ab, denn es basiert auf rein wissenschaftlichen Erkenntnissen und lehrt den Menschen wissenschaftliche Methoden und Techniken. Wie genau eine Person eben diese Werkzeuge einsetzt, ist natürlich jedem selbst überlassen. Zudem lässt sich NLP bei Weitem nicht mit einer Religion vergleichen. Ein weiterer Punkt ist, dass sich das Neurolinguistische Programmieren bei weitem nicht mit einer Religion vergleichen Es bezieht sich auf das Hier und Jetzt, auf das Leben im Moment, welches der Mensch verbessern kann und nicht auf den Tod oder übernatürliche Mächte, die von außen Einfluss auf das Leben nehmen könnten. Darüber hinaus lädt das Neurolinguistische Programmieren zu einem harmonischen Miteinander mit Freunden, Bekannten und mit der Familie ein und ist nicht darauf aus, Sie von Ihren Mitmenschen abzugrenzen und in der Gemeinschaft einer Sekte zu isolieren.

Es ist durchaus verständlich, dass das NLP von vielen Menschen als eine Art Sekte angesehen wird, denn die Verbindung zu großen modernen Sekten, wie Scientology, ist nicht zu verkennen. Aber ebenso wie Sie einen Hammer nutzen können, um ein neues und schönes Bild in Ihrem Wohnzimmer aufzuhängen, können Sie den Hammer nutzen, um den Wohnzimmertisch zu zerstören. Sie sehen also: Das Werkzeug ist das Gleiche, es kommt ganz allein darauf an, wie und mit welcher Intention es genutzt wird.

<u>Kritikpunkt Nummer 2:</u> NLP ist nichts anderes als Manipulation

Das NLP hilft Ihnen dabei, eine neue Selbsterfahrung zu erleben, sich selbst immer wieder zu reflektieren und somit eine neue und tiefere Menschenkenntnis zu erlangen. Eben diese Menschenkenntnis wird von einigen Zweiflern als Manipulation wahrgenommen. Darüber hinaus bezieht sich das NLP auf einige Kommunikationsmethoden wie *Rapport, Leading, Matching oder Pacing,* welche sich dazu eignen ein Gespräch in die gewünschte Richtung zu lenken, ohne dass der Gesprächspartner dies zwingend erkennt. Dabei sind diese Methoden im NLP integriert, um ein gewünschtes Ziel nach den eigenen Vorstellungen zu erreichen. Dies muss nicht unbedingt immer ein Ziel sein, welches bei anderen Personen erreicht werden soll, stattdessen hilft das NLP Ihnen auch sich selbst zu motivieren und eigene Wünsche und Ziele anzustreben und zu realisieren.

Trotzdem bietet das NLP das Potential, zu manipulieren und wird dementsprechend auch in vielen Bereichen, wie dem Verkauf oder in der Politik, angewandt. Schlussendlich lässt sich die Manipulation, welche dem NLP zugeschrieben wird, jedoch mit den normalsten Kommunikationstechniken vergleichen, die zum Beispiel als rhetorische Mittel in Reden und Ansprachen immer wieder angewandt werden und in der Gesellschaft akzeptiert sind. Außerdem hält das Neurolinguistische Programmieren nicht das Potential bereit, die Meinung des Gegenübers zu verändern oder jemanden sympathischer erscheinen zu lassen. Solche Attribute, wie sie der Manipulation zugeschrieben werden, lassen sich ausschließlich durch eine echte Sympathie und durch hochwertige Argumente und Gründe erzeugen.

Kritikpunkt Nummer 3: NLP ist gefährlich

Das Neurolinguistische Programmieren kann in jeglichen Berufsgruppen vorgefunden werden. So auch in eher fragwürdigen Berufsgruppen – bei Esoterikern oder Wunderheilern – weswegen nicht selten zu hören ist, dass das NLP eine gefährliche Praxis ist. Tatsächlich steht es jedem Menschen frei, sich mit dem NLP zu beschäftigen oder eben nicht. Dieser Ratgeber legt jedoch Wert darauf, dass Sie das gesamte Konzept des NLPs verstehen und erlernen. Ein einseitiges Wissen und eine ebenso einseitige Nutzung bergen nämlich tatsächlich einige Gefahren. Auch die eigene Persönlichkeit beeinflusst inwiefern das NLP gefährlich werden kann. Insbesondere Menschen, die zur Selbstüberschätzung neigen, laufen Gefahr, das Neurolinguistische Programmieren auszunutzen oder sich selbst damit zu schaden.

Letzten Endes gibt es in jeder Wissenschaft und in jedem wissenschaftlichen Ansatz schwarze Schafe. Die Gefahr des NLPs liegt also nicht in der Technik an sich, sondern in einem kritischen Halbwissen oder in einer Nicht-Verantwortung von Menschen im Umgang mit dem NLP.

<u>Kritikpunkt Nummer 4:</u> NLP ist eine Abzocke

Dass das Neurolinguistische Programmieren unseriös ist und Anbieter dieser Technik nur auf Ihr Geld aus sind wird immer behauptet. Tatsächlich lässt sich das Neurolinguistische Programmieren nicht gratis erlernen. Sie müssen entweder in einen Ratgeber, wie diesen hier, oder in eine Schulung investieren. Dies als Abzocke zu betiteln ist jedoch weit hergeholt. Insbesondere bei dem Angebot der Schulungen lässt sich die Qualität eben dieser Veranstaltungen nachvollziehen, denn wer mit den offiziellen NLP-Gütesiegeln arbeitet (das ist zum Beispiel das DVNLP-Siegel in Deutschland oder der internationale Verband Society of NLP und INPLTA) kann sich auf eine hochwertige und nachhaltige Schulung freuen, bei der Dinge erlernt werden die ihren Preis definitiv wert sind. Investieren Sie jedoch in unseriöse Angebote und treffen auf einen falschen Anbieter lässt sich schon eher von einer Abzocke sprechen. Hier liegt die Verantwortung gänzlich bei Ihnen. Informieren Sie sich gründlich, bevor Sie an einer dieser Schulungen teilnehmen und achten Sie auf hochwertige und belegbare Informationen, wenn Sie sich nach dem Lesen dieses Buches weiterhin mit dem Neurolinguistischen Programmieren beschäftigen und Ihre Fähigkeit in diesem Bereich ausbauen möchten.

Die 14 Grundannahmen des NLPs

Die Methode des NLPs basiert auf vierzehn Grundannahmen, auch Prämissen genannt, die den Grundstein bilden und von Anhängern des Neurolinguistischen Programmierens unbedingt verinnerlicht werden sollten. Bei diesen Prämissen geht es (noch) nicht um das notwendige Grundwissen über den eigenen Körper und den eigenen Geist. Stattdessen beschreiben diese vierzehn Grundannahmen die Einstellungen und Prinzipien, die dem NLP zugrunde liegen und die für jeden NLP-Anwender die Grundlage für eine gelungene Ausbildung darstellen.

1. Jeder Mensch ist einzigartig

Wir alle sind Individuen und nehmen unser Leben und das Leben unserer Mitmenschen aus einer spezifischen Sichtweise wahr. Die Individualität des Menschen ist etwas Positives und Schützenswertes.

2. Körper – Geist – Umwelt

Ihr Körper bildet zusammen mit Ihrem Geist und Ihrer Umwelt eine Einheit. Das bedeutet, dass Ihr Selbst immer wieder dieser Wechselwirkung unterworfen ist und die drei Parteien – Ihr Körper, Ihr Geist und Ihre Umwelt – einander beeinflussen können. Da es auch vorkommen kann, dass ein Teil den anderen ~~Teilen~~ schadet oder diese negativ beeinflussen kann, ist es wichtig, dass alle Teile Ihres Selbst im Einklang miteinander arbeiten, was für Ihr körperliches und geistiges Wohlbefinden sowie für Ihre Denkweise positive Auswirkungen haben kann.

3. Kommunikation geschieht immer

In unserem Leben ist alles Kommunikation. Selbst wenn Sie schweigen oder keine Mimik zeigen, kommunizieren Sie mit Ihrer Umwelt und vermitteln einen Inhalt (nämlich zum Beispiel, dass Sie nicht interagieren möchten). Somit kommunizieren wir selbst mit geschlossenem Mund und dem Wegfallen von Sprache, denn die nonverbale Kommunikation hat eine ebenso große Wirkung auf das Gegenüber wie die verbale Kommunikation.

4. Die Bedeutung Ihrer Sprache liegt in dem, was Ihr Gegenüber erhält

„Das war doch gar nicht so böse gemeint, wie Du es verstanden hast!" – solche Situationen kennen Sie bestimmt. Sie machen eine Aussage und Ihr Gegenüber versteht diese komplett falsch. Die vierte Prämisse des NLPs bezieht sich auf eben dieses Phänomen und rät Ihnen, zu verinnerlichen, dass Ihre Kommunikation nicht von dem bestimmt wird, was Sie sagen, sondern von dem, was bei Ihrem Gegenüber ankommt und wie dieses auf das Gesagte reagiert.

5. Die Grenzen am Horizont

Das Sprichwort „Schau doch mal über den Tellerrand hinaus" ist tatsächlich leichter gesagt als getan. So kann sich ein Mensch in seinen Denk- und Handlungsweisen nur an dem orientieren, was er bereits kennt. Auch kann er sich nur innerhalb der Grenzen bewegen, die gesetzt und von ihm bekannt sind. Das Greifen nach dem Horizont ist aus solch einer Position also eher utopisch und kann nur in kleinen Schritten erfolgen.

6. Pro Flexibilität

Ein starres und unflexibles Leben ist beim NLP nicht sinnvoll, denn es schränkt Sie ein. Die Flexibilität kann einiges leichter machen und gibt Ihnen die Möglichkeit, aus mehreren Optionen zu wählen oder sogar neue Optionen zu schaffen. Dies kann die Lebensqualität in vielen Bereichen enorm erhöhen.

7. Die Wahl der besten Optionen

Wenn einem Menschen mehrere Optionen zur Verfügung stehen, so wird er nicht wahllos irgendeine aussuchen. Stattdessen wägen wir die Optionen ab und wählen schließlich die Option, die uns am vielversprechendsten und besten für die jeweilige Situation erscheint. Eben diese Entscheidungen trifft der Mensch aufgrund seiner eigenen Grenzen (siehe die fünfte Prämisse: *Die Grenzen am Horizont*) und Gewohnheiten.

8. Es gibt keine falschen Entscheidungen

Bestimmt haben Sie schon einmal einen Film gesehen oder ein Buch gelesen und sich gefragt, wie der Hauptcharakter solch eine falsche Entscheidung treffen kann. Sie hätten mit großer Sicherheit anders (und besser) entschieden. Tatsächlich gibt es aber kein „falsch" wenn es um unsere Entscheidungen geht. So setzen wir all unsere Beschlüsse immer wieder in Relation zu den Kenntnissen und Vorgaben, die uns zur Verfügung stehen. Im Endeffekt ist es also unmöglich, eine falsche Entscheidung zu treffen. Von Außenstehenden betrachtet, kann die jeweilige Entscheidung jedoch als falsch angesehen werden, denn der oder die Außenstehende(n) gehen an diese Entscheidung natürlich wieder mit eigenen persönlichen Vorstellungen, Kenntnissen und Erfahrungen heran und würden aufgrund dessen eventuell eine andere Handlungswahl treffen.

9. Das positive Grundmotiv

Im NLP wird davon ausgegangen, dass jedes Verhalten, jede Handlung und auch jede Entscheidung auf einem positiven Motiv basiert. Das heißt nicht, dass eine Entscheidung immer moralisch vertretbar sein muss. Stattdessen bedeutet dies, dass eine Handlung immer darauf ausgerichtet ist, die Absicht des Entscheidungsträgers zu erfüllen.

10. Verhalten ist nie sinnlos

Selbst aus vermeintlichen Fehlern können Erkenntnisse für die Zukunft gewonnen werden. Und gerade jene „Fehlentscheidungen" tragen entscheidend zur Charakterbildung und Persönlichkeitsentwicklung des Menschen bei.

11. Änderung ist möglich

Dass wir nur mit dem handeln können, was wir bereits kennen, bedeutet nicht, dass wir unser Handeln nicht verändern können. Somit besitzt jeder Mensch die notwendigen Ressourcen, um seine Verhaltensweise zu ändern. Er muss lediglich lernen, diese Ressourcen in ihrer Gänze zu nutzen. Das Kennenlernen und Begreifen der eigenen Mittel und Möglichkeiten sollte Teil des Prozesses der Selbsterkenntnis sein.

12. Es gibt keine Rückschläge

Die Begriffe „Niederlage" oder „Rückschlag" dürfen Sie getrost aus Ihrem Vokabular verbannen, denn beim NLP wird stattdessen von Feedback gesprochen. Das bedeutet, dass das Versagen nicht als negativ angesehen wird, sondern Ihnen hilft, sich selbst besser kennenzulernen und Ihren Horizont zu erweitern.

13. Von Plan A zu Plan B

Angenommen, Sie stehen in der Küche und backen einen Kuchen nach einem ganz bestimmten Rezept. Das Endprodukt im Ofen sieht aber weder appetitlich aus noch schmeckt es gut – würden Sie den Versuch erneut starten und alles genauso machen, wie Sie es beim ersten Kuchen gemacht haben? Wahrscheinlich nicht. Genau darauf zielt diese Prämisse ab, denn sie besagt, dass aus dem Scheitern der eigenen Handlungsweise eine neue durch zielgerichtetes Überlegen erwachsen sollte. Das bedeutet nicht, dass Sie nicht durchhaltefähig sind oder Ihr Vorhaben abbrechen sollten, jedoch führen mehrere Wege nach Rom und genauso können Sie durch unterschiedliche Handlungsweisen Ihr Ziel erreichen, wenn Sie diese ausprobieren.

14. Nichts ist unmöglich

Der Mensch kann zwar nicht aus seinem alltäglichen Leben springen und den Horizont berühren, er kann jedoch in kleinen Schritten darauf hinarbeiten. So besagt diese Prämisse, dass Sie alles lernen können, wozu Sie zum Lernen imstande sind. Mit einer sorgfältigen Planung ist somit jedes Ziel erreichbar und Mögliches kann niemals unmöglich werden.

Die Wichtigkeit von Emotionen

Wir Menschen sind voller Emotionen, unabhängig davon, ob wir dies möchten oder nicht. Wir schöpfen Kraft aus positiven Emotionen, wie Freude, Liebe oder auch Stolz, und erleben gleichzeitig die Schattenseite wie Trauer, Angst oder sogar Wut. Schlussendlich bestimmen diese Emotionen unter anderem, ob wir Optimisten, Pessimisten oder „unparteiisch" sind. So nehmen Optimisten positive Emotionen stärker wahr und haben dementsprechend auch eine sehr positive und optimistische Wirkung nach außen. Pessimistische Personen messen dagegen negativen Emotionen mehr Bedeutung bei, wodurch sie auch von der Außenwelt mit einer eher negativen Grundstimmung wahrgenommen werden. Diese Tendenz hin zum Negativen oder Positiven ist in unserem Unterbewusstsein verankert und somit für uns selbst nicht immer direkt greifbar. Als dritte Gruppierung gibt es noch die Menschen, die zuvor als „unparteiisch" betitelt wurden. Diese Gruppe von Menschen wird von der Außenwelt als emotional sehr ausgeglichen wahrgenommen, denn im Unterbewusstsein ist keine Präferenz zum Positiven oder Negativen ausgebildet. Am Ende entscheiden diese drei Neigungen, also zum Optimismus, zum Pessimismus oder zur Neutralität, inwiefern die Emotionen den Charakter eines Menschen und somit das alltägliche Leben dieser Person beeinflussen. Es wird auch von einer Art Grundstimmung der jeweiligen Person gesprochen, es geht also um den dauerhaften Gefühlszustand, der unabhängig von den äußeren Umständen vorherrscht.

Diese Aussage des NLPs ist tatsächlich eine Auffassung, die von der Gesellschaft als sehr kontrovers betrachtet wird. So denken nicht wenige Menschen, dass unsere Gefühle von unseren äußeren Umständen beeinflusst werden und diese uns Glück oder Unglück im Leben bringen. So ist es naheliegend, dass ein Gewinn im Lotto zunächst für ein Ansteigen der positiven Emotionen im Leben eines Menschen führen kann und nicht selten wird die Hoffnung auf eine bessere Beziehung und ein Beleben der Partnerschaft auf den Nachwuchs gelegt. Wer jedoch eine pessimistische Grundstimmung innehält, der wird in der Regel nur eine kurze Zeit von diesem optimistischen Höhenflug profitieren. Gleichzeitig beeinträchtigen negative Ereignisse im Leben selbstverständlich sogar Menschen, die als Optimisten betrachtet werden. So sorgt ein Todesfall eines nahen Angehörigen natürlich dafür, dass ein Optimist eine bestimmte Zeit benötigt, um zu trauern und negative Emotionen zu erleben und zu verarbeiten. Im Anschluss an diese negative Zeit wird es dem Optimisten jedoch im Normallfall nicht schwerfallen, wieder zu seiner optimistischen Stimmung zurückzufinden. Die Grundstimmung von Pessimisten und Optimisten ist in solch einer negativen Situation häufig auch eine Andere: Während Pessimisten schnell drohen, in negativen, traurigen oder wütenden Gedanken zu versinken, fällt es Optimisten häufig leichter, das Gute selbst in schlechten Zeiten, zu erkennen und sich daran festzuhalten. Sie sehen also: Unsere Gefühle, seien sie positiv wie negativ, lassen sich zwar eine Zeitlang von unseren äußeren Umständen beeinflussen, werden aber auf lange Sicht von unserem Unterbewusstsein bestimmt.

Wer nach dem Lesen dieses Kapitels erkannt hat, dass er eher zum Pessimismus neigt (oder dies bereits in eigener oder Fremdreflexion erfahren hat), der sollte sich bewusst machen, dass dieser Pessimismus nicht von den äußeren Umständen herrührt. Es geht also nicht darum, die Lebensumstände auf den Kopf zu stellen und den Job zu kündigen. Ihr Leben lang werden Dinge geschehen, die negative Emotionen hervorrufen, und eben diese Dinge lassen sich einfach nicht vermeiden. Erkennen Sie stattdessen, dass der Pessimismus und die negativen Emotionen aus Ihrem Inneren, Ihrem Unterbewusstsein, kommen und beginnen Sie, Ihre Denkweise zu ändern. Das ist natürlich leichter gesagt als getan, jedoch kann das Neurolinguistische Programmieren Ihnen auch dabei helfen, wie Sie noch erfahren werden.

Mit Selbstdisziplin zum Optimisten

Es ist möglich, seine Grundstimmung zu ändern. Unabhängig davon, wie lange Sie schon eine gewisse emotionale Grundstimmung haben, sei es selbst das gesamte bisherige Leben, lässt sich eine negative und pessimistische Grundstimmung in eine Neutrale oder Positive umändern. Wer sich dieses Vorgehen als schwierig vorstellt, der hat tatsächlich Recht. Eine Person benötigt eine große Portion Selbstkontrolle und Disziplin, um das Aufwallen von Gefühlen einzudämmen, diese zu kontrollieren und im Idealfall sogar zu ändern. Ein solches Umwandeln der eigenen Grundstimmung führt jedoch zu einem glücklicheren Leben und kann gleichermaßen eine Verbesserung der Lebensqualität mit sich bringen, weswegen diese großen Anstrengungen und Überwindungen schlussendlich belohnt werden.

Ein wichtiger Grundstein für das Erkennen und Ändern der eigenen Gefühle und Emotionen ist die Selbstreflexion. Dabei muss im Alltag zwischen Gedanken und Emotionen unterschieden werden, was nicht immer einfach ist, da beide Komponenten in vielen Fällen so schnell auftauchen, dass sie voneinander nicht zu unterscheiden sind und von der Person einfach ausgelebt werden. Schauen wir uns das physiologische Innere unseres Schädels an, so lässt sich erkennen, dass die Hirnrinde unseres Gehirns eine übergeordnete Bedeutung für das Erkennen der Emotionen hat. So ist die Hirnrinde dafür zuständig, Emotionen wahrzunehmen und diese richtig einzuordnen. Schließlich gibt die Hirnrinde diese Information über unsere Emotionen weiter an den rationalen Teil unseres Verstandes. Dieser darf nun die erlebten Emotionen erfassen, reflektieren und gleichzeitig Rückschlüsse darüber ziehen, was eben diese Emotionen ausgelöst hat und wie damit umgegangen werden soll. Somit wandeln sich unsere Gefühle von einfachen Emotionen, die wir nicht immer verstehen, zu Gefühlen, die wir zuordnen und begründen können.

Bei einigen Menschen ist dieses Verständnis über die eigenen Emotionen geschärfter als bei anderen, weswegen diese Personen natürlich eher in der Lage dazu sind, Emotionen zu erkennen und zu meiden, die irrational oder unbegründet sind. Da das Gehirn sich trainieren lässt können auch Sie mit etwas Selbstdisziplin und Durchhaltevermögen lernen, Ihre Emotionen zu steuern, diese gegebenenfalls zu meiden und sich selbst zu reflektieren.

Ein Filter für die Gefühle

Ein Mensch kann seine Emotionen und Gedanken nicht nur bewusst steuern, er kann auch eine Art Barriere oder Filter aufbauen und so entscheiden, worauf er emotional reagieren möchte und worauf nicht. Vielleicht kennen Sie die Aussage „Das ist den Ärger nicht wert!". Menschen, die diese Aussage regelmäßig von sich geben (und sich dann auch tatsächlich nicht aufregen), nutzen diesen Filter aktiv in ihrem Alltag. So entscheiden sie bewusst darüber, ob es sinnvoll ist, sich über eine gewisse Tatsache oder Aussage aufzuregen, ob sie also auf diesen oder jenen Reiz reagieren, oder eben nicht. Wer die Fähigkeit besitzt, seine Emotionen zu filtern und über diese zu bestimmen, der verfügt über einen hochwertigen, harmonischen und konstruktiven Umgang mit seinen Emotionen. Vielleicht stellen Sie sich die Frage, wieso es denn schlimm sei, sich ab und zu mal aufzuregen oder sauer zu werden. Tatsächlich spricht nichts dagegen, in gewissen Situationen seine negativen Emotionen auszuleben, denn ein Unterdrücken dieser kann Ihnen auf Dauer schaden. Es geht nicht darum, keine negativen Gefühle mehr zu erleben und ausschließlich auf neutraler oder positiver Gefühlsbasis seinen Alltag zu verbringen. Vielmehr geht es darum, sich nicht von seinen negativen Gefühlen übermannen zu lassen, denn dies kann dazu führen, dass Sie als unangebracht auftretend wahrgenommen werden oder sich selbst und Anderen (emotionales) Leid zufügen.

Tilgung, Generalisierung und Verzerrung

Drei Prozesse spielen beim Neurolinguistischen Programmieren eine große Rolle: Die Tilgung, die Generalisierung und die Verzerrung. Alle drei Prozesse sind nicht vom NLP erfunden, sondern schon immer in uns Menschen veranlagt, wie Sie beim Lesen dieses Kapitels erkennen werden. Zunächst finden Sie eine kleine Übersicht über diese Prozesse. Da die Tilgung, die Generalisierung und die Verzerrung – wie so gut wie alles im Leben – auch ihre negativen Seiten haben können und einen großen Einfluss auf die Verarbeitung von Emotionen und Erfahrungen ausüben, ist es zunächst wichtig, sich über das Vorhandensein dieser Prozesse bewusst zu werden. Im Verlaufe dieses Ratgebers werden diese Begrifflichkeiten selbstverständlich aber noch einmal aufgegriffen und im Detail erklärt.

Die Tilgung

Bei der Tilgung handelt es sich um einen Prozess, der bestimmten Informationen den Weg dazu versperrt, Teil einer Erfahrung zu werden. Die Tilgung ist somit also eine Art Filter, welcher uns erlaubt zu bestimmen, welche Ereignisse eine Erfahrung ausmachen und welche nicht. Somit dient die Tilgung als eine Art Schutz vor Informationsfluten oder einer Reizüberflutung. Menschen, die aussagen: „Das ist den Ärger gar nicht wert!“, nutzen den Prozess der Tilgung quasi im Alltag, denn sie entscheiden, ob sie sich über einen gewissen Tatbestand aufregen möchten, oder ob sich ein solches Aufregen eher nicht lohnt. Es droht jedoch die Gefahr, dass eine einfache Tilgung zur Verdrängung wird. So kann es in einem ungünstigen Fall vorkommen, dass Informationen oder Erfahrungen bewusst nicht wahrgenommen werden, weil die Person diese als schädlich ansieht, obwohl eventuell wichtige Informationen oder Details so wegfallen und von der Person ignoriert werden.

Eine ausreichende Selbstreflexion und kein vorschnelles Handeln beugen der Entstehung von Verdrängung jedoch vor und helfen Ihnen zu entscheiden, welche Informationen und Erfahrungen für Sie schädlich sind und welche nicht.

Die Generalisierung

Bei dem kognitiven Erfahrungsprozess der Generalisierung vergleicht eine Person die Gemeinsamkeiten zwischen verschiedenen Erfahrungen und Situationen. Um dieses Vorgehen anhand eines Beispiels zu erklären und verständlicher zu machen sollten Sie an Ihre Kindheit zurückdenken: Wenn ein Kind sich die Hand an der heißen Herdplatte verbrennt wird es in Zukunft wissen, dass auch die Herdplatten bei der Tante heiß sind und Schmerzen verursachen können. Es generalisiert seine Erfahrung also und kann diese Erkenntnis auch auf fremde Herdplatten anwenden. Ebenso ist es uns möglich, aus bereits Erlebtem Generalisierungen zu ziehen und diese auf ähnliche Situationen anzuwenden. Dies erleichtert Ihnen auf der einen Seite das alltägliche Leben, denn nicht jedes neue Erlebnis muss analysiert und einsortiert werden. Gleichermaßen entspricht eine solche Generalisierung auch einfach unserer Lebenserfahrung. Auf der anderen Seite ist es wichtig, im Prozess der Generalisierung geschult zu sein und für sich selbst immer wieder zu reflektieren, ob das Vorgehen der Generalisierung noch auf einer gesunden Ebene ist oder dazu führt, dass Sie bestimmte Erfahrungen gar nicht erst machen möchten, weil gewisse Ereignisse und Erfahrung miteinander verknüpft sind, obwohl eigentlich kein Zusammenhang zwischen beiden Umständen besteht.

Die Verzerrung

Wie der Name bereits verrät wird beim Prozess der Verzerrung etwas verändert beziehungsweise verzerrt: Erinnerungen, Erfahrungen und Erlebnisse werden auf eine andere Art und Weise im Gedächtnis abgespeichert, als sie ursprünglich geschehen sind. Dieser Prozess kann es einem Menschen erleichtern, Wahrnehmungen oder bestimmte Geschehnisse von einem fremden Standpunkt aus zu betrachten und zu bewerten. Dies kann zu einem anderen Standpunkt und zu einem umfassenderen Verständnis führen, was letztlich einen großen Einfluss auf die emotionale Verarbeitung von Emotionen und Erfahrungen haben kann. Insbesondere Menschen mit einer Veranlagung zur Kreativität fällt es leichter, das Erlebte zu verzerren und von verschiedenen Standpunkten aus zu betrachten.

Was macht den menschlichen Charakter aus?

Was macht Ihre Person aus, beziehungsweise: Wie würden Sie Ihren Charakter beschreiben und können Sie begründen, wieso Sie so sind, wie Sie sind? Unser Charakter bildet sich im Verlaufe unseres Lebens und ist nur zu kleinen Teilen von unserer Genetik und früheren Veranlagungen bestimmt. Vielmehr machen unsere soziokulturelle Umgebung, unsere Erinnerung und bestimmte Erfahrungen, die wir als prägend wahrgenommen haben, aus, wie unser Charakter sich entwickelt und was ihn ausmacht. Hierbei handelt es sich um keine Neuentdeckung des menschlichen Verstands. Bestimmt wussten Sie auch schon, wie die Charakterbildung eines Menschen vonstatten geht. Dennoch ist es für das Erlernen des Neurolinguistischen Programmierens sinnvoll, einen kleinen Kursus im Bereich Persönlichkeitsentwicklung und Charakterbildung zu absolvieren. Dieses Kapitel versteht sich selbstverständlich nicht als wissenschaftlicher Psychologie-Kurs, dennoch sind die groben Abläufe und Zusammenhänge in unserem Gehirn relativ leicht nachzuvollziehen und es kann für Sie von hohem Wert sein, einen Überblick über die Grundlagen des Charakters und der Charakterbildung zu erlangen.

Die Bildung unseres Charakters beginnt bereits in jungen Jahren, genauer gesagt im Kleinkindalter. Wir werden von unseren Eltern oder Erziehungsberechtigten sowie deren Erziehung geprägt. Die Grundzüge des menschlichen Charakters werden dabei bereits im jungen Alter von drei Jahren festgelegt. So neigen Kinder, deren Eltern schneller laut und ungestüm werden, im höheren Alter ebenfalls dazu, ungeduldig oder jähzornig zu werden. Gleichermaßen übertragen Eltern, die übermäßig vorsichtig sind, diese Eigenschaft auf Ihre Kinder. Das ist auch völlig normal so, denn in den ersten Jahren unseres Lebens handelt es sich bei unseren Eltern oder Erziehungsberechtigten um die Hauptidentifikationsfiguren. An ihnen orientieren wir uns und von ihnen lernen wir in den ersten Jahren unseres Lebens, was es bedeutet zu kommunizieren und wie das Leben in einer Gesellschaft funktioniert[i]. Ab einem gewissen Punkt im Leben, welcher sich meistens rund um die Pubertät im Teenie-Alter preisgibt, fängt jedoch Mensch an, seinen eigenen Charakter und diverse Verhaltensweisen zu hinterfragen und nach dem Ursprung dieser zu forschen.

Während das Selbstbild im Kindesalter weitestgehend deckungsgleich mit dem Bild der Eltern ist, entwickelt es sich im Verlaufe der Jahre und kann durch das Fremdbild – also der Wahrnehmung von Außenstehenden – verändert werden. Erhält ein Kind für eine bestimmte Fähigkeit oder Leistung vermehrt Zustimmung oder Lob, so entwickelt sich ein erhöhtes Selbstvertrauen und das eigene Selbstbild verändert sich dementsprechend. Ein solch höheres Selbstvertrauen wirkt sich natürlich durch die Haltung oder durch Äußerungen wieder auf die außenstehenden Mitmenschen aus, was eine Kettenreaktion zur Folge haben kann: Je höher das Selbstvertrauen ist, desto mehr zeigt sich davon in der alltäglichen Handlung und desto mehr Selbstvertrauen wird dem Menschen von außen zugeschrieben. Gleichermaßen kann eine solche Kette jedoch auch ins Negative umschlagen. Wer häufig, oder bereits im Kindesalter vermehrt, Kritik erfährt, dessen Selbstvertrauen sinkt mit der Zeit (in einigen Bereichen), was dazu führt, dass ein Mensch aufgrund seiner Körperhaltung oder seiner Aussagen als schüchtern oder verunsichert angesehen wird, was sich wiederum negativ auf das Selbstvertrauen auswirkt.

Um es ganz einfach zu sagen: Unser menschliches Leben und unser Charakter bestehen schlussendlich aus Aktionen und Reaktionen. Das Selbstbild, das Fremdbild und die Charaktereigenschaften eines Menschen werden stark von persönlichen Erlebnissen, Erinnerungen und Erfahrungen geprägt, welche wiederum aus den Aktionen und Reaktionen mit unserer Mitwelt bestehen. Wie ein Mensch also auf diverse Situationen und Reize reagiert, hängt demnach von den Informationen ab, welche das Erinnerungsvermögen in diesen Situationen zur Verfügung stellt, was selbstverständlich auf früheren Erfahrungen beruht. Dabei gibt es im Gehirn kein bestimmtes Areal, in welchem Erinnerungen auf Dauer abgespeichert werden und zum Abruf bereitstehen. Vielmehr lässt sich das gesamte menschliche Gehirn als ein großes Speichermedium verstehen. Erinnerungen werden ganz einfach in den Bereichen unseres Gehirns abgespeichert, mit welchen sie verknüpft sind. So werden Erinnerungen von Klängen und Lauten in einem anderen Bereich abgespeichert, als Erinnerungen von Bildern oder Gerüchen.

Auch wenn unser Gehirn quasi eine große Festplatte ist gibt es zwei verschiedene Arten des Gedächtnisses. Es wird unterschieden zwischen dem deklarativen Gedächtnis und dem prozeduralen Gedächtnis[ii]. Das deklarative Gedächtnis bezeichnet die Erinnerungen, die wir bewusst aufrufen müssen, bevor wir die jeweils erlernte Fähigkeit nutzen können. Denken Sie an Ihre Schulzeit und die geliebten (oder nicht geliebten) Matheklausuren zurück: Solange Sie kein Mathe-Genie sind, gehören die Erinnerungen an die auswendig gelernten Formeln zu dem deklarativen Gedächtnis, denn Sie müssen sich aktiv an das Gelernte erinnern. Dem gegenüber befindet sich das prozedurale Gedächtnis. Sie kennen bestimmt die Aussage: „Das ist wie

Fahrradfahren, das verlernt man nicht." und genau das bezeichnet das prozedurale Gedächtnis. Hierbei handelt es sich um Erinnerungen, die unbewusst abgerufen werden. Auch das Autofahren oder alltägliche Dinge, wie das Duschen oder das Versenden einer E-Mail, geschehen intuitiv und ohne dass Sie sich vorher groß Gedanken über den nächsten Schritt machen müssten.

Bis heute konnte nicht vollständig erschlossen werden wie diese Erinnerungsprozesse im Gehirn ablaufen, auch wenn Wissenschaftler weiterhin auf diese Erkenntnis hinarbeiten. Was inzwischen jedoch mit Sicherheit gesagt werden kann und was auch für das NLP wichtig ist, ist der Prozess der Angst-Entwicklung, denn auch dieser basiert auf früheren Erfahrungen und Erinnerungen. Stellen Sie sich vor, Sie machen an einem schönen Frühlingstag einen kleinen Spaziergang und befinden sich in einem entspannten und glücklichen Gefühlsstatus. Dieses wird jedoch durch ein lautes und aggressives Bellen jäh unterbrochen und Sie drehen sich auf den Fersen um, um zu erkennen, woher der Laut kam. Hinter Ihnen steht ein großer Schäferhund, der Sie munter anbellt, der Besitzer ist weit und breit nicht zu sehen. Was wäre Ihre erste Reaktion in solch einem Moment? Wenn Sie reagieren wie ein Großteil der Menschen, dann werden Sie in erster Instanz Angst empfinden. Verantwortlich für die Angst ist ein bestimmter Bereich in unserem Gehirn: die Amygdala[iii]. Hier wird der Prozess in unserem Hirn in Gang gesetzt, welcher bewirkt, dass wir Angst empfinden. Alle eingehenden Reize, im Falle unseres Beispiels also die optischen und akustischen Reize, werden über den Thalamus an die Amygdala weitergeleitet. Diese prüft nun quasi, ob es in unserem Langzeitgedächtnis bereits Einträge zu einem solchen Gefahrenfall, also dem bellenden Schäferhund vor uns, gibt. Hier spielen übrigens nicht nur eigene Erinnerungen und Erfahrungen eine Rolle, sondern auch, was evolutionsbedingt in uns veranlagt ist. Ein großer, aggressiv wirkender und unbekannter Hund wird somit in der Regel unter der Kategorie „Gefahr" abgespeichert. Sobald die Amygdala diese Gefahr registriert, wird eine Kettenreaktion in Gang gesetzt. So werden Stresshormone wie Adrenalin oder Cortisol ausgeschüttet und der Körper macht sich automatisch zur Flucht oder zur Konfrontation bereit. Lediglich die Stirnlappen können ein solches Eskalieren der Situation verhindern. Auch Sie bekommen die akustischen und optischen Signale vom Thalamus zugesendet und können so weiterdenken. Kennen Sie diesen Hund vielleicht und es handelt sich um den Hund Ihres Freundes, so wird die Kettenreaktion, welche von der Amygdala in Gang gesetzt wurde, jäh unterbrochen. Sind Sie vielleicht sehr versiert im Umgang mit Hunden, selbst mit aggressiven Vertretern, so wird auch in solch einem Fall schnell der Prozess der Beruhigung einsetzen. Was übrig bleibt ist ein kurzes Erschrecken und ein kurzer Anstieg des Adrenalinspiegels, welches Sie bestimmt aus Ihrem Alltag kennen.

Kommunikation – mehr als nur Worte

Wie sie bereits lesen durften kommuniziert der Mensch jederzeit und auf verschiedenen Ebenen. Selbst dann, wenn er dies nicht möchte. Unsere Körpersprache, also unsere Gestik und Mimik können Worte ersetzen. So hat selbst das berühmte Pokerface eine Aussage, nämlich dass die Person nichts über die Karten auf der Hand preisgeben möchte. Die wenigsten Menschen haben darüber hinaus eine starke Kontrolle über Ihre Gestik und Mimik, sodass es im Alltag immer wieder vorkommt, dass das Gesprochene nicht von der Körpersprache unterstützt wird. So kann unter anderem Unglaubwürdigkeit entstehen, wenn die Artikulation nicht zu dem Gesagten passt. Wer zum Beispiel aussagt, dass er sich gut vorbereitet für die anstehende Prüfung fühlt und jedoch gleichzeitig nervös mit den Knien wackelt und an den Nagelbetten knibbelt, dem wird das Gesagte von Außenstehenden nicht unbedingt abgenommen. Unsere Gestik sagt also eine Menge über den jeweiligen Menschen und seinen Charakter aus. Dabei muss es sich nicht immer um aktive Gesten, wie das Winken oder den „Daumen hoch", handeln. Auch Mikrogesten, wie ein nervöses Blinken oder ein häufigeres

Schlucken als gewöhnlich, können einen Aufschluss auf die Persönlichkeit hinter der jeweiligen Aussage bieten. Somit entscheidet insbesondere die Körpersprache, inwiefern eine Person als authentisch und glaubwürdig wahrgenommen wird. Man könnte somit sogar behaupten, die Mimik und Gestik wären für unsere Kommunikation wichtiger als verbale Äußerungen.

Tatsächlich können wir mit unserer Körpersprache nicht nur unsere Mitmenschen beeinflussen und davon überzeugen, dass wir zum Beispiel stark, mutig oder durchsetzungsfähig sind – auch unser eigenes Selbstbild lässt sich durch ein entsprechendes selbstbewusstes Auftreten positiv beeinflussen. Es ist also nachvollziehbar, wieso in Motivationsschulungen auf die Körpersprache und das äußerliche Auftreten eingegangen wird. Was hierbei wichtig zu wissen ist und was Sie immer im Hinterkopf behalten sollten, ist, dass insbesondere die Körpersprache in den meisten Fällen unbewusst aktiviert wird. Sie können Ihre Körpersprache also erst für Ihre Zwecke einsetzen – zum Beispiel um selbstsicherer oder authentischer zu wirken – wenn Sie sich über die eigentliche Willkürlichkeit der Gestik und Mimik bewusstwerden und diese anschließend ebenso bewusst für sich nutzen und einsetzen.

Der wichtigste Indikator für die Körpersprache eines Menschen ist dabei übrigens weder die Gestik noch die Mimik, sondern der Augenkontakt. Es wird nicht umsonst gesagt, dass die Augen der Spiegel der Seele sind. Unsere Augen sind nicht nur einzigartig, sie geben auch interessante Rückschlüsse auf unseren Charakter und unsere Stimmung in der jeweiligen Situation preis. So könnte behauptet werden, dass ein intensiver Augenkontakt nichts anderes ist als ein längeres, gegenseitiges Anschauen. Wer jedoch in einer unangenehmen Situation einem längeren Augenkontakt standhalten musste, der weiß, dass Blickkontakt mehr ist als das bloße Anschauen. Gleichermaßen kann ein intensiver Augenkontakt auch etwas Positives bewirken, wie bei einem romantischen Dinner, bei welchem sich das Pärchen quasi stundenlang verliebt in die Augen schaut. Der

Grund, wieso ein intensiver Blickkontakt starke Auswirkungen auf unsere Gefühlswelt haben kann, ist in der Tatsache zu finden, dass ein Großteil der Menschen sich bei einem sehr langen und intensiven Blickkontakt ausgeliefert oder gar „nackt" fühlt. Gleichermaßen spielt die Mimik im Gesicht des Gegenübers eine große Rolle, denn solange die Mimik vertraut, nett und lieb wirkt, kann auch ein langer Blickkontakt als angenehm empfunden werden, wie es bei einem romantischen Candle-Light-Dinner der Fall ist. Ist die Mimik des Gegenübers jedoch angespannt, gestresst oder sogar böse, so wird ein intensiver Blickkontakt schnell als unangenehm oder einschüchternd empfunden und der Gesprächspartner fängt unbewusst an, Rückschlüsse auf den Charakter des Gegenübers zu ziehen. Hierbei handelt es sich bei weitem nicht um die neuesten Erkenntnisse. Es ist jedoch besonders wichtig, den Fokus auf unsere Augen zu legen. In ihnen lassen sich Absichten und Gefühle erkennen. Insbesondere offensichtliche Emotionen, wie Angst, Freude oder Hass, lassen sich selbst bei einer ausgeprägten Selbstbeherrschung nur schwer verbergen. Grund dafür ist das Auge selbst, denn der Ausdruck des Auges ist ein Ergebnis der Kontraktion der inneren Augenmuskeln – etwas, was der Mensch bewusst nicht oder nur schwerlich steuern kann. Insbesondere die Pupille gibt unsere Gefühle preis, wie es auch unser Herzschlag und unser Puls tun. So kann die Pupille sich weiten oder zusammenziehen, ohne dass ein Zusammenhang mit dem Lichteinfall besteht. So weiten sich unsere Pupillen unter anderem, wenn wir Angst erfahren. Diese Reaktion hat ihren Ursprung erneut in der Evolution, denn in Gefahrensituationen war es wichtig, aufmerksamer zu sein und mehr sehen zu können, was durch den größeren Lichteinfall aufgrund der vergrößerten Pupille geschieht.

Der Mensch ist ein Herdentier

Schlussendlich ist die wichtigste Bedingung für die Interaktion mit unseren Mitmenschen jedoch, dass wir andere Menschen zur Verfügung stehen haben, mit denen wir kommunizieren können. Grundlegend ist dies bei den meisten Menschen der Fall, denn so gut wie jeder besitzt soziale Kontakte, Freunde und Familie. Dies ist auch gut so, denn laut Forschern tut es uns Menschen überhaupt nicht gut, allein zu sein[iv]. So empfinden viele Menschen bereits beim Nachdenken über die eigene Einsamkeit negative Emotionen, Unwohlsein und eine triste Stimmung. Es kommt jedoch immer wieder vor, dass wir alleine sind, denn so etwas lässt sich in der Regel nicht vermeiden. Wie also gehen wir mit Einsamkeit um und wieso ist es so wichtig, dass wir uns mit sozialen Kontakten, wie unseren Freunden oder unserer Familie umgeben?

Dass das Bedürfnis des Menschen, nicht alleine zu sein, von der Evolution bestimmt ist, ist für Sie bestimmt kein Geheimnis. Somit konnte der Mensch in der Steinzeit nur in der Zusammenarbeit mit anderen Menschen – also nur in seinem „Rudel“ – überleben. Dieses „Rudel“-Leben fand ~~schlussendlich~~ bis vor ein paar hundert Jahren noch regelmäßig statt und war wichtig für unser Überleben: Wer zum Beispiel viele Kinder zur Welt gebracht und großgezogen hat, der konnte sich sicher sein, auch im hohen Alter noch gut versorgt zu werden. Die eigene Familie war also eine Versicherung für das Überleben. Heutzutage haben sich die Gegebenheiten jedoch stark geändert. So vereinsamen wir Menschen immer mehr und benötigen das Konstrukt „Familie“ letzlich nicht unbedingt. Schließlich gibt es Altenheime und diverse Einrichtungen, die uns auch im hohen Alter helfen, ohne dass eine Verwandtschaft oder Zuneigung besteht. Dass wir zwischenmenschliche Kontakte im heutigen Zeitalter nicht mehr unbedingt zum Überleben benötigen, bedeutet jedoch nicht gleichzeitig dass wir glücklich sind, wenn wir keine Freunde oder Familienmitglieder um uns herum haben. Vielleicht kennen Sie die Situation: Man zieht von Zuhause aus oder wechselt den Arbeitsplatz oder Wohnort. Die ersten Tage oder sogar Wochen werden von vielen Menschen als überaus schwierig und stressig empfunden, denn der Mangel an sozialen Kontakten setzt dem Menschen stark zu.

Auch in der Unterhaltungsindustrie lässt sich erkennen, wie wichtig Freundschaften und soziale Kontakte für den Menschen sind. So dominieren insbesondere Serien und Filme über Freundschaften, wie „How I Met Your Mother“, „The Big Bang Theory“, „New Girl“ oder „Friends“, das allabendliche Unterhaltungsprogramm und berichten uns von dem hochwertigen Leben, welches wir mit guten sozialen Kontakten haben können. In diesen Serien geht es nicht um spannende Rätsel, risikoreiche Verfolgungsjagden oder interessante Thriller – das Hauptaugenmerkt wird auf den Alltag mit Freunden gelegt und wie dieser durch das Vorhandensein der sozialen Kontakte verbessert wird. Wenn auf wissenschaftlicher Basis zwei Menschen verglichen werden, von denen einer übermäßig glücklich und der andere stark unglücklich ist, so lässt sich in vielen Fällen erkennen, dass die positiven Emotionen des glücklichen Menschen in dem Vorhandensein seiner sozialen Kontakte liegen. Das Unglück des traurigen Menschen hingegen lässt auf ein Fehlen eben dieser sozialen Kontakte schließen. Wir Menschen benötigen weitere Menschen in unserem Leben, mit denen wir uns austauschen und positive wie negative Dinge und Geschehnisse teilen können. Dadurch wird der Blick auf das eigene Selbst, also auf die eigene Identität, deutlich lebensfroher und optimistischer, als wenn ein Mensch sein gesamtes Leben alleine durchschreiten muss.

Einsamkeit kann übrigens sogar für körperliche Leiden sorgen. Insbesondere wenn die wenigen vorhandenen sozialen Kontakte eher von einer negativen Stimmung geprägt sind kann sich dies negativ auf die Psyche des Menschen auswirken. Dies bedeutet nicht zwingend, dass ein Negativ gestimmtes Umfeld einen Menschen hervorbringt, der ebenso negativ ist. Jedoch können latente Veranlagungen zum Pessimismus verstärkt werden, wodurch eine negative oder sogar depressive Grundstimmung im Inneren des Menschen gebildet wird. Ebenso hat übrigens ein positives Umfeld Auswirkungen auf einen Menschen und bringt nur selten negative Effekte auf. Stattdessen profitiert der Mensch von positiven Charakterzügen und Grundeinstellungen anderer Menschen.

Die Repräsentationssysteme im NLP

Wenn von Emotionen die Rede ist, werden oftmals die Kanäle vergessen, durch welche wir Emotionen und Gefühle überhaupt empfinden können. Die Rede ist hier von den fünf Sinneskanälen, die im Neurolinguistischen Programmieren den Namen VAKOG bekommen haben. Der Begriff wird aus fünf Abkürzungen gebildet, die für folgende Sinneseindrücke stehen:

- V: Visuell – Sehen
- A: Auditiv – Hören
- K: Kinästhetisch – Fühlen
- O: Olfaktorisch – Riechen
- G: Gustatorisch – Schmecken

All unsere Erfahrungen werden über diese fünf Kanäle wahrgenommen und können im Anschluss von unserem Gehirn weiterverarbeitet und danach bewahrt werden. Somit speichern wir in den wenigsten Situationen ganze Situationen im Gehirn ab, sondern erleben eben diese Situation als eine Kombination aus Bildern, Tönen, Geschmackserlebnissen oder Gerüchen. Sie kennen bestimmt die Sensation, bei der Sie ein bestimmtes Lied hören welches sofort spezifische Erinnerungen in Ihnen hervorruft. Gleichermaßen verbinden wir den Geruch von Salzwasser und das Geräusch von rauschenden Wellen schnell mit einem unbeschwerten Urlaubsgefühl.

All diese Repräsentationssysteme und Sinneskanäle nutzt der Mensch mehr oder weniger durchgehend und tut dies, ohne sich dessen bewusst zu sein. Außerdem besitzt jeder Mensch, gleichermaßen unbewusst, eine Präferenz für bestimmte Systeme und Kanäle, die deswegen in der Kommunikation bevorzugt verwendet werden. Wer zum Beispiel als Autor arbeitet oder dazu neigt, Selbstgespräche zu führen, der spielt dem auditiven Kanal unbewusst eine übergeordnete Rolle zu. Wer hingegen Musiker ist oder eine ausgeprägte Musikalität besitzt, der präferiert den auditiven Kanal. Menschen, die in Bildern denken oder in dieser Branche arbeiten, zum Beispiel als Grafik Designer, Photograph oder Regisseur, erfahren Ihre Umwelt vermehrt durch den visuellen Sinneskanal. Teilweise geht diese Präferenz so weit, dass sie den Sprachgebrauch des Menschen beeinflusst und Worte gewählt werden, die auf eine jeweilige Präferenz hinweisen. Ein kleines Beispiel: Eine Gruppe von Freunden plant das nächste Treffen in einem Café. Der auditiv-veranlagte Mensch sagt: „Das hört sich doch spitze an.“, während der visuell-veranlagte Freund aussagen könnte: „Dieser Plan sieht super aus!“. Erkennen Sie den Unterschied? Im Neurolinguistischen Programmieren wird bei dieser Art des Ausdrucks von *repräsentativen Prädikaten* gesprochen. Hierbei handelt es sich um Worte (meistens Verben, Adjektive oder Adverbien) die einen Rückschluss auf die jeweilige Sprachstruktur des Menschen erlauben. Selbstverständlich greift diese Art der Analyse der Sprachstruktur überwiegend in Gesprächen, in denen es um persönliche Erlebnisse oder die Person selbst geht.

Dieser Unterschied in der Präferenz des Wahrnehmungskanals eines Menschen kann dafür sorgen, dass zwei Personen, die vollkommen verschiedene Wahrnehmungspräferenzen ausgebildet haben, einen und denselben Satz unterschiedlich interpretieren und die Aussage des Satzes so anders wahrnehmen. Diese Tatsache ist nicht auf das VAKOG-Modell des NLPs zurückzuführen, sondern lässt sich mit einem bekannten Kommunikationsmodell nach Friedemann Schuld von Thun erklären. Dieses Modell ist Vielen auch als das sogenannte „Vier-Ohren-Modell“[v] bekannt. Dieses Modell besagt, dass eine Aussage immer vier bestimmte Seiten hat, die für Missverständnisse und

Unverständnisse sorgen können. Diese vier Seiten bestehen aus der Selbstoffenbarung, der Sachebene, der Beziehungsseite und dem Appell. Dabei entspricht jede Seite einer Ebene der Kommunikation:

Die Sachebene: Auf dieser Ebene werden reine Informationen weitergegeben und kommuniziert. Daten, Fakten und der Inhalt einer Äußerung werden dem Rezipienten mitgeteilt und dieser muss im Anschluss lediglich entscheiden, ob die Aussage als wahr oder unwahr angesehen werden kann und ob ausreichend Informationen weitergegeben wurden oder nicht. Der Sender hat dabei die Aufgabe, sein Anliegen in deutlicher Art und Weise zu formulieren und der Entstehung von Missverständnissen vorzubeugen.

Die Selbstoffenbarung: Jeder Mensch, der kommuniziert, gibt immer etwas über sich selbst preis. So zum Beispiel, welche Sinneskanäle er präferiert („Das sieht gut aus!“ vs. „Das hört sich gut an!“). Auch Gefühle, Ansichten, Bedürfnisse und Werte können explizit, also deutlich, in einer Ich-Aussage, oder implizit, also als unterschwellige Botschaft, ausgedrückt werden.

Die Beziehungsebene: Diese Ebene im Vier-Ohren-Modell bezieht sich auf die Beziehung zwischen dem Sprechenden und dem Empfangenden. Durch die Mimik, die Gestik, eine bestimmte Wortwahl oder auch den Tonfall gibt der Sprechende dem Rezipienten somit einen Hinweis auf die Beziehungsebene, auf denen beide sich befinden. Ein Gespräch zwischen einem Chef und seinem Angestellten klingt somit anders als ein Gespräch zwischen einem Pärchen oder guten Freunden. Gleichermaßen kann der Rezipient sich aufgrund der Beziehungsebene wertgeschätzt, missachtet, geachtet oder respektiert fühlen.

Die Appellebene: Wer spricht, der möchte mit seinen Worten in der Regel auch etwas erreichen. Die Appellebene eines Gesprächs soll dem Rezipienten also vermitteln, wozu der Sprecher appellieren möchte. Auf dieser Ebene können Wünsche,

Ratschläge, Bitten oder Anweisungen kommuniziert werden. Solche Appelle können verdeckt oder ganz offensichtlich vermittelt werden. So sieht ein offensichtlicher Appell zum Beispiel folgendermaßen aus: „Kannst Du mir bitte eine Tafel Schokolade vom Einkaufen mitbringen?“, während ein indirekter Appell im gleichen Kontext so aussehen könnte: „Du bist noch einkaufen, oder? Ich wünschte, ich hätte Schokolade hier!“. Der Hörende muss nun mit seinem ‚Appellohr' hören und die Anweisungen selbst aus indirekten Aufforderungen verstehen.

Sie sehen anhand dieser vier Gesprächsebenen nach Schuld von Thun also, dass ein Gespräch schnell missverstanden und von unterschiedlichen Personen auch auf verschiedene Art und Weise interpretiert werden kann. Während der Sprechende quasi mit vier verschiedenen Zungen spricht, muss der Hörende mit vier verschiedenen Ohren zuhören, um die gesamte Aussage des Gesagten zu verstehen.

Sprachmuster erkennen und verstehen

Wie Sie in diesem Ratgeber bereits häufiger lesen durften, ist alles, was wir Menschen tun, Kommunikation. Dies ist für das Neurolinguistische Programmieren der Hauptansatz, denn wer durch das NLP die Fähigkeit besitzt, Sprachmuster zu erkennen und gleichzeitig gezielt einzusetzen, der verfügt über das mitunter hilfreichste Mittel der Rhetorik, welche ein sehr wichtiger Teil unserer Sprache ist. Ein großer Teil des Neurolinguistischen Programmierens beschäftigt sich mit Sprachmustern, der Identifikation, der Wirkungsweise und dem Einsatz dieser und hilft Ihnen somit, Ihre Kommunikation verständlicher, besser und überzeugender zu gestalten. Schlussendlich gilt: Je besser Sie die Muster und Mittel des Neurolinguistischen Programmierens kennen und beherrschen, desto besser wird es Ihnen gelingen, Menschen in den verschiedensten Situationen und auf unterschiedliche Arten und Weisen zu überzeugen. In diesem Kapitel wird die Generalisierung, die Tilgung und die Verzerrung, die bereits kurz angesprochen wurden, erneut aufgegriffen und im Detail für Sie erklärt.

Das Sprachmuster der Generalisierung

Sie erinnern sich vielleicht: Generalisierungen sind Aussagen, die mehr oder weniger eine Regel ohne Ausnahmen bilden und eine Aussage schlussendlich generalisiert, wie der Name bereits verrät. Solche generalisierenden Aussagen können dabei weit über das zuvor gebotene Beispiel: „Alle Herdplatten sind heiß." gehen und somit auch folgendermaßen aussehen: „In Spanien scheint doch immer die Sonne!" oder „Der Drucker arbeitet immer dann nicht, wenn es wirklich dringend ist.". Jeder Rezipient weiß bei solchen Aussagen in der Regel, dass diese nicht ganz der Wahrheit entsprechen. So scheint in Spanien mit großer Garantie nicht immer die Sonne und der Drucker arbeitet, bis auf gelegentliche Ausnahmen, doch auch immer sehr zuverlässig. Der Grund, wieso wir Generalisierungen nutzen ist, dass eine zu detaillierte Aussage unseren Sprachgebrauch stottern lassen würde. Es klingt zum Beispiel hinderlich, wenn eine Person sagt: „Mach doch Urlaub in Spanien, da scheint immer die Sonne! Obwohl, vielleicht hast Du genau in Deinem Urlaub auch Pech und es regnet ein paar Tage am Stück.". Sie erkennen bestimmt den Unterschied – während die generalisierte Aussage als positiv zu werten ist und keine Zweifel an dem wohlwollenden Rat des Sprechenden offen lässt, klingt die zweite Aussage fast schon negativ, obwohl Sie schlussendlich nur der Wahrheit entspricht. Gleichermaßen sorgen Generalisierungen für die Entstehung von Klischees und Verallgemeinerungen. Sie kennen bestimmt das Vorurteil, dass alle Blondinen doof oder dass die Italiener gute Liebhaber sind. Statistisch gesehen lassen sich solche Aussagen natürlich nicht belegen und es gibt unter anderem viele Gegenbeispiele von blonden Frauen, die einen sehr hohen IQ besitzen. Eine solche Generalisierung wirkt vielleicht harmlos, kann jedoch schnell zu Problemen führen wenn sie im falschen Kontext ausgesagt wird. Wer als Führungskraft zum Beispiel generalisiert, dass das vergangene Jahr ein gutes war und somit einige schlechte Wochen bewusst übersieht, der wird Zuspruch von seinen Mitarbeitern erhalten. Wenn eine Führungskraft jedoch aussagt, dass es sich um ein kritisches Jahr für den Betrieb handelt obwohl es lediglich wenige Wochen betrifft, der sorgt für Besorgnis und Unverständnis bei seinen Mitarbeitern und wirkt schnell dramatisch und unglaubwürdig.

Sie sehen also dass Generalisierungen sich positiv einsetzen lassen, jedoch gleichermaßen gefährlich im alltäglichen Sprachgebrauch sind. Es gilt also, sich dieser Gefahr bewusst zu werden und ebenso bewusst auf Generalisierungen zu achten und diese mit Bedacht zu verwenden. Behalten Sie immer im Hinterkopf, dass hinter einer generalisierten Aussage mehr steckt, als der Sprechende preisgibt und dass die Generalisierung Ihre Meinung und Stimmung zum jeweiligen Thema enorm beeinflussen können.

Das Sprachmuster der Tilgung

Das Sprachmuster der Tilgung beim Neurolinguistischen Programmieren verhält sich ähnlich zum Sprachmuster der Generalisierung. Anstatt der Verallgemeinerung von Informationen werden diese in Form von einem oder mehreren Worten bewusst zurückgehalten. In vielen Fällen tilgt der Mensch unbewusst und enthält so Informationen vor. Das geschieht jedoch nicht mit einer bösen oder guten Absicht. Stattdessen hängt eine solche unbewusste Tilgung von den präferierten Repräsentationssystemen einer Person ab. So kann eine Person davon sprechen ein Geräusch gehört zu haben und dabei verschweigen, ob es sich um ein lautes oder leises, ein fernes oder nahes Geräusch handelt. Im Falle dieses Beispiels kommuniziert die entsprechende Person mit großer Wahrscheinlichkeit eher weniger mit dem auditiven Sinneskanal und tilgt dementsprechend Informationen, die für die Person nicht als wichtig erscheinen. Wird eine Tilgung im Sprachgebrauch bewusst vorgenommen, kann dies darauf hinweisen, dass Informationen bewusst verschwiegen werden.

Machen Sie sich bewusst wie eine Tilgung in der alltäglichen Sprache aussehen kann und trainieren Sie Ihren Verstand auf das Entdecken dieser. Wer Tilgungen erkennt, der kann hinterfragen und die Informationen herauskitzeln, die vielleicht entscheidend sein können. Eine Tilgung kann in verschiedenen Satzstrukturen auftreten:

- Tilgung im Verb: „Ich freue mich." – Worüber freut sich die Person?
- Tilgung im Substantiv: „Anna hat keine Zeit." – Wofür hat Anna keine Zeit?
- Tilgung im Adjektiv: „Jan ist erfolgreich." – Wobei ist Jan erfolgreich?
- Tilgung beim Adverb: „Sie verhielt sich angemessen." – Wem oder was gegenüber verhielt sie sich angemessen?
- Tilgung in Vergleichen: „Das Kleid war teuer." – Teuer im Vergleich wozu?
- Tilgung durch Verwendung von Modaloperatoren: „Er darf nicht zu spät kommen." – Was wird passieren, wenn er zu spät kommt?

Schärfen Sie also Ihr Gespür für Tilgungen in der alltäglichen Sprache und fragen Sie nach wenn Sie merken, dass Informationen bewusst vorenthalten und getilgt werden. Achten Sie auch in Ihrem Sprachgebrauch auf Tilgungen jeglicher Art. Wo erwischen Sie sich im Gespräch mit Anderen – und sich selbst – dabei, Informationen zu tilgen und wieso tun Sie dies? Ein ausgereiftes Bewusstsein über dieses Sprachmuster ist überaus wichtig und verhilft Ihnen zu erfolgreichen und informativen Konversationen.

Das Sprachmuster der Verzerrung

Informationen, die auf eine andere Art und Weise wiedergegeben werden, als sie ursprünglich vermittelt wurden, gelten als verzerrt. Dies kann unter anderem durch eigene Glaubenssätze oder eine unterschiedliche Art der Wahrnehmung zustande kommen. Zur Veranschaulichung ein kleines Beispiel: Person A hat in der Wahl mit einem Vorsprung von nur einer Stimme gegen Person B gewonnen. Nun könnte aufgrund dieser Aussage angenommen werden, dass es sich um ein sehr ausgeglichenes Rennen zwischen Person A und Person B gehandelt haben muss. Jemand, der großer Fan von Person A ist und die Informationen aus diesem Beispiel erhält, neigt in vielen Fällen dazu, einfach weiterzugeben, dass Person A gewonnen hat. Die Information, dass es sich lediglich um einen knappen Sieg gehandelt hat, wird hier verzerrt. Jemand, der hingegen auf einen Sieg von Person B gehofft hat, wird in aller Regel hervorheben, dass es sich um eine sehr knappe Niederlage gehandelt hat. Sie erkennen bestimmt den Unterschied. Ein und dieselbe Information kann durch das Weglassen von Informationen oder durch eine andere Betonung verzerrt werden und so einen Teil ihres Informationsgehalts verlieren. Das Sprachmuster des Verzerrens kann ein Stück weit auch mit der Stillen Post verglichen werden. Bestimmt kennen Sie das Spiel noch aus Ihrer Kindheit. Eine Person flüstert ein Wort oder einen Satz in das Ohr des Nachbarn. Dieser gibt die Information, die er verstanden hat wiederum weiter an seinen Nachbarn, bis das Endergebnis schlussendlich am Ende der Reihe laut ausgesagt wird und in der Regel keinerlei Ähnlichkeit mit der ursprünglichen Aussage hat.

Gleichermaßen lässt sich die Verzerrung auch bei eigenen Aussagen einsetzen und kommt zum Beispiel beim Prozess der *Normalisierung* zum Einsatz. Der nachfolgende Satz wirkt auf den Rezipienten wie eine ganz normale Aussage: „Der Stress war zu groß für sie.“. Wer sich diesen Satz genauer anschaut merkt jedoch, dass der Stress dieser Person als etwas metaphysisches beschrieben ist. Das Adjektiv „groß“ wird normalerweise für die Beschreibung von Objekten oder physischen Zuständen verwendet. Stress jedoch ist nicht physisch und kann dementsprechend prinzipiell nicht mit „groß“ oder „klein“ beschrieben werden. Gleichermaßen gehören auch Präsuppositionen in das Sprachmuster der Verzerrung. Hierbei handelt es sich um Vorannahmen, die vom Sprechenden gestellt werden und dem Rezipienten vermitteln, dass dieser keine andere Wahl hat. Wenn eine Mutter ihren Sohn fragt: „Möchtest Du zuerst Dein Zimmer saugen oder mit dem Hund Gassi gehen?“, so wird dem Sohn schnell bewusst, dass er nicht die Wahl zwischen zwei Dingen hat, sondern bereits festgelegt ist, was seine Aufgaben sein werden. Die Wahlmöglichkeit besteht lediglich in der Abfolge der Aufgaben.

Solch eine Verzerrung kann dem Rezipienten das Gefühl geben, dass die Ursache für eine jeweilige Emotion nicht beim Sprechenden, sondern in einem externen Ereignis liegt. Gleichermaßen kann die angesprochene Person das Gefühl erhalten, keine Wahl und keinen Einfluss auf das eigene Gefühlsleben zu haben und denken, dass der emotionale Zustand abhängig von der äußeren Umwelt ist. Daher wird im NLP gelehrt, dass wir Menschen zwar unsere Emotionen in einem Zusammenspiel mit unserer Außenwelt bilden, diese im Endeffekt jedoch immer aus unserem Inneren kommen und nicht fremdbestimmt sind. Niemand ist dazu befähigt, Ihnen Emotionen zuzuschreiben und ein Wissen über eben dieses Sprachmuster hilft Ihnen dabei, kritisch zu hinterfragen wodurch das Gegenüber unbewusst beginnen wird, Verantwortung für das eigene Gefühlsleben zu übernehmen.

NLP-Techniken

In diesem Kapitel werden Ihnen die gängigsten Techniken des Neurolinguistischen Programmierens genauer aufgeführt und detailliert erklärt, wie Sie die jeweiligen Techniken selbst anwenden können. Zunächst geht es jedoch um die Grundmuster jeglicher NLP-Kommunikations-Interventionen, die auch *NLP-Metaprozess* genannt werden. Hierbei handelt es sich um die Wahrnehmung, das Kalibrieren, das Pacing, den Rapport und das Leading.

Die Wahrnehmung – Das B.A.G.E.L.-Modell

Damit mentale Prozesse erfolgreich durchlaufen werden können müssen diese physisch unterstützt werden. Durch diese physische Unterstützung liefert unter anderem unser Verhalten, welches sich durch äußerlich erkennbare Signale von außenstehenden Personen wahrnehmen lässt. Eine gute Wahrnehmung der eigenen Körpersignale und der Signale des Gegenübers ist besonders wichtig, um im Anschluss die Methoden und Techniken des Neurolinguistischen Programmierens erfolgreich ausüben und anwenden zu können.

Das B.A.G.E.L.-Modell des NLPs bezieht sich dabei auf das menschliche Verhalten und die Signale, die nach außen hin sichtbar werden. Dieses Modell hilft Ihnen dabei, von den äußerlich erkennbaren Verhaltensmustern auf die internen mentalen Prozessabläufe zu schließen, die sich in der unterliegenden Tiefenstruktur der Psyche Ihres Gegenübers abspielt.

Die einzelnen Buchstaben dieses Modells stehen dabei für die Begriffe:

- **B**ody Posture / Körperhaltung
- **A**ccessing Cues / Zugangshinweise
- **G**estures / Gesten
- **E**ye Movements / Augenbewegungen
- **L**anguage Patterns / Sprachmuster

Die Beobachtungen, die Sie bei der anderen Person auf Basis des B.A.G.E.L.-Modells machen lassen wiederum darauf schließen, über welche Repräsentationskanäle die jeweilige Person Ihre Umwelt und ihre Emotionen bevorzugt wahrnimmt, was Ihnen dabei helfen kann einen besseren Zugang zu Ihrem Gegenüber zu finden. Bei diesem Modell geht es dabei aber nicht darum, sich auf die Äußerung von einzelnen Repräsentationssystemen beim Gegenüber oder bei sich selbst zu konzentrieren, sondern die Person in ihrer Gesamtheit zu erleben und wahrzunehmen. Beurteilen Sie also nicht nur einen Repräsentationskanal, von dem Sie meinen dass Ihr Gegenüber ihn vermehrt benutzt, sondern nehmen Sie alles Bemerkenswerte von der Körperhaltung über die Stimme und die Gesten, über Augenbewegung bis hin zu den Sprachmustern wahr. So wird das Kalibrieren, welches im nachfolgenden Kapitel erklärt wird, feinfühliger und genauer.

Anzeichen für einen visuellen Typ können so unter anderem aus der Körpersprache gelesen werden. Diese bestehen bei einem Menschen, welcher die visuellen Repräsentationssysteme bevorzugt nutzt, aus aufrechten bis hochgehaltenen Kopf und Schultern. Ein auditiver Typ hingegen legt in der Regel eine balancierte oder leicht-geneigte Kopfhaltung an den Tag. Der Körper eines auditiv-veranlagten Menschen ist dabei oftmals leicht in Ihre Richtung gebeugt, die Schultern sind leicht zurückgezogen. Ein Mensch, der die kinästhetischen Sinneskanäle bevorzugt, zeigt seinen Kopf und seine Schultern in einer Position, die eher nach unten geneigt ist. Die Gestik spielt sich bei kinästhetischen Typen insbesondere im oberen Körperbereich ab und er spricht mit einer eher tiefen Stimme in einem langsamen Sprechrhythmus. Ein kinästhetischer Mensch spricht vermehrt in einer sehr bildhaften und lebhaften Gefühlssprache.

Das Kalibrieren

Das Wort *Kalibrieren* ist Ihnen mit großer Wahrscheinlichkeit bekannt, jedoch nicht vom Neurolinguistischen Programmieren, sondern aus der Technik. In diesem Themenbereich bedeutet Kalibrieren, dass ein Messmittel geprüft, eingestellt oder justiert wird. Beim NLP bezieht es sich auf eine Art Justierung Ihrerseits. Es geht bei dieser Methode darum, die nonverbalen Signale des Gegenübers genau wahrzunehmen, um so die Physiologie der inneren Zustände den äußeren und sichtbaren Zeichen zuzuordnen. Wer also eine Person kalibriert, der ordnet die äußerlich wahrnehmbaren Merkmale und die Verhaltensäußerungen der anderen Person der sensorischen Feineinstellung zu, die im Inneren des Gegenübers herrscht.
Bei der Kalibrierung geht es nicht darum, auf allgemeine Dinge zu achten, sondern sich intensiv und individuell auf das Gegenüber einzustellen. Nur so und mit einer sensiblen Wahrnehmung (siehe voriges Kapitel) ist es Ihnen möglich, mehr Informationen über Ihr Gegenüber zu bekommen und Ihre Kommunikation entsprechend anzupassen. So kann es vorkommen, dass Sie bei bestimmten Themen beobachten, wie sich die Atmung Ihres Gegenübers beschleunigt oder beruhigt. Dies wiederum lässt Sie darauf schließen, ob das jeweilige Thema ein Angenehmes für die andere Person ist oder nicht. Sie kalibrieren somit die äußerlichen, körperlichen Anzeichen mit der inneren Stimmungshaltung einer Person, wodurch Sie mit der Zeit immer mehr körperliche Veränderungen bewusst wahrnehmen können. Mit der Zeit und mit Übung wird es Ihnen also immer leichter fallen, selbst die kleinsten äußerlichen Anzeichen zu erkennen und zu deuten, woher diese Veränderungen rühren. Dies hilft Ihnen im Prozess des Rapports enorm, eine vertrauensvolle Beziehung aufzubauen. Übrigens kann Ihnen das Kalibrieren auch zu einem besseren Verständnis Ihrer Selbst helfen.

Oftmals bemerken wir gar nicht, dass sich unsere Gemütslage aufgrund eines bestimmten Themas oder einer Tatsache geändert hat, bis es uns schwerfällt, die jeweilige negative Stimmung wieder in eine positive Stimmung umzuändern. Achten Sie bei Gelegenheit also auf Ihren eigenen Blickkontakt, auf Ihren Herzschlag oder Ihre Atmung und kalibrieren Sie so Ihre inneren Gefühle mit den äußeren, körperlichen Auswirkungen.

Der Rapport

Der Name dieser NLP-Technik lässt sich auf den englischen Begriff *Rapport* zurückführen, welcher so viel bedeutet wie: „vertrauensvolle Übereinstimmung" oder „harmonisches Verhältnis". Ursprünglich stammt der Begriff Rapport jedoch aus der Hypnose-Praxis, denn hier bezeichnet das Wort die Beziehung, die zwischen dem Therapeuten und dem Klienten herrscht.

Beim Neurolinguistischen Programmieren kann die Rapport-Methode als das Herzstück des NLPs angesehen werden, denn ohne Rapport führen wir keine echte Konversation, sondern treffen lediglich einander an. Wir alle üben den Rapport dabei in der Regel unbewusst aus, denn sobald wir ein Gespräch mit einer anderen Person beginnen fangen wir an, unsere Gestik, Mimik und auch unsere Sprache dem Gegenüber anzupassen. Dadurch bewirken wir, dass wir vertrauenswürdiger und sympathischer erscheinen. Gleichermaßen wirkt sich der Prozess des Rapports schneller aus, je sympathischer uns das Gegenüber ist. Beim Rapport handelt es sich genau genommen um keine Technik des NLPs, sondern vielmehr um eine Fähigkeit, die es zu erlernen gilt. Der Rapport bezeichnet nämlich einen dauerhaften verbalen und nonverbalen Beziehungsfluss. Der Mensch beginnt sich mit dem Gegenüber und seinem Modell der Welt zu verbinden, wodurch die gegenüberstehende Person als nahbarer und sympathischer wahrgenommen wird.

Um eine Beziehung mit einem guten Rapport zu führen, muss die zwischenmenschliche Beziehung zwingend von Respekt, Einverständnis, Anziehung und Einfühlungsvermögen geprägt sein. Auch eine gewisse Zustimmung und Ähnlichkeit sollten gegeben sein, damit Rapport überhaupt vorhanden ist und ausgebaut werden kann, um so einen tiefen Kontakt zum Unbewussten des anderen Gesprächspartners aufzubauen. Grundlegend lässt sich also sagen, dass Rapport so gut wie immer auftritt, wenn Menschen miteinander kommunizieren. Je positiver der Kontakt und das Verhältnis zwischen zwei Menschen ist, desto stärker bildet sich auch der Rapport aus. Menschen mit einem tiefen Kontakt zueinander passen sich in der Regel also auch in ihrem Ausdrucksvermögen einander an. Das Phänomen des Rapports wird Ihnen mit Sicherheit auch kein Fremdes sein. Vielleicht ertappen Sie sich sogar selbst ab und an dabei, wie Sie bestimmte Begriffe, Gesten oder teilweise auch Akzente übernehmen, wenn Sie mit einer Person viel Zeit verbracht und viel kommuniziert haben.

Die NLP-Technik des Rapports lässt sich also nicht unbedingt erlernen, denn sie ist bereits in jedem Menschen veranlagt. Sie können diese unbewusste Spiegelung des Gegenübers jedoch mit etwas Übung bewusster wahrnehmen und teilweise auch steuern. Sobald Sie die Spiegelungen des Verhaltens Ihres Gegenübers jedoch bewusst steuern, handelt es sich nicht mehr um *Rapport*, sondern um die NLP-Technik: *Pacing.*

Das Pacing

Der Begriff *Pacen* stammt erneut aus der englischen Sprache und bedeutet soviel wie: „im Gleichschritt gehen“, „mitgehen“ oder „angleichen“. Die Technik des Pacings im Neurolinguistischen Programmieren bezieht sich also auf das Anpassen der eigenen Körperhaltung, der Gestik, des Sprachverhaltens, der Mimik oder sogar des Atemrhythmus‘ auf den jeweiligen Gesprächspartner. Auf unbewusster Ebene entsteht durch diese Anpassung Ihrerseits ein intensiver und zuverlässiger Kontakt bei Ihrem Gegenüber.

Dabei ist dieser Kontakt absolut unabhängig von inhaltlichen Übereinstimmungen. Deswegen ist das Pacing besonders gut in kontroversen oder schwierigen Situationen geeignet, um ein positives und stabiles Miteinander zu schaffen. Darüber hinaus begeben Sie sich durch das Pacing in die Welt Ihres Gegenübers. Sie helfen dem Anderen also nicht nur, sich wohler und positiver in Ihrer Gegenwart zu fühlen, Sie helfen sich selbst auch, die Strategien, die Haltungen und die Sprachmuster Ihres Gesprächspartners zu verstehen. Erkannt wurde diese Technik von Milton H. Erickson, welcher als Psychiater arbeitete und herausfand, dass er einen besseren Zugang zu seinen Klienten findet wenn er seine Sprechgeschwindigkeit, seine Mimik und Gestik, seine Haltung und auch seinen Sprachstil an die Person ihm gegenüber anpasste[vi].

Beim Pacing geht es nicht darum, das Gegenüber „nachzuäffen". Vielmehr bedeutet die NLP-Technik des Pacings, dass Sie sich feinfühlig an die Verhaltensmuster Ihres Gegenübers angleichen, um so eine Übereinstimmung zu erreichen. Es handelt sich also um eine elegante Art und Weise, um die eigene Physiologie in eine Synchronität mit der anderen Person zu bringen. Dabei bedeutet diese bewusst geschaffene Synchronität nicht, dass Sie mit allen Inhalten und Aussagen, die von Ihrem Gegenüber innerhalb der Kommunikation ausgesagt werden, einverstanden sein müssen. Das Pacing schafft jedoch eine Basis, auf der Sie und Ihr Gegenüber sich wohlfühlen und ein Verständnis für ein gemeinsames Weltbild finden können, auch wenn dieses nur von begrenzter Dauer ist. Dadurch können Sie jedoch zumindest ein Stück der einzigartigen Realität Ihres Gegenübers erkennen und die Welt aus der jeweiligen Perspektive betrachten. So können Sie Ihren eigenen Körper durch das Pacing dazu nutzen, eine angenehme Erfahrung zu schaffen und gleichzeitig Informationen über Ihr Gegenüber zu sammeln. Dabei ist eine der kraftvollen Arten des Pacings die Spiegelung der Atmung des Gegenübers. Wer seine Atmung der Atmung des Gesprächspartners anpasst, wird sich automatisch auch der jeweiligen Person anpassen.

Eine präzise Wahrnehmung und eine ausreichende Flexibilität sind also die Grundlagen für das Pacing, welches wiederrum nur auf Grundlage einer ehrlichen, einfühlsamen und wertschätzenden Einstellung dem Gesprächspartner gegenüber zu einem hochwertigen Rapport (siehe voriges Kapitel) führen kann. Wer das Pacing beherrscht, wird so ein hohes Rapport-Potential in seinen Konversationen entwickeln können. Dies wiederum ist eine wichtige Grundlage für die NLP-Methode des Leadings.

Das Leading

Sobald Sie es geschafft haben, den Rapport durch ein behutsames Angleichen an Ihren Gesprächspartner herzustellen, können Sie einen Schritt weitergehen und die Konversation führen und somit die Richtung Ihrer Unterhaltung gezielt zu verändern. Der Begriff *Leading* bedeutet dabei so viel wie „führen", was wiederum bedeutet, dass Sie bei der NLP-Technik des Leadings Ihren Gesprächspartner auf Basis des Rapports verantwortungsbewusst zu einem bestimmten Ergebnis, einem Ziel oder einem neuen Verhalten führen. Das Leading baut stark auf dem Rapport auf, der zwingend gebildet sein muss, damit Sie die Technik des Leadings ausüben können. Dabei können Sie mit dem Rapport nicht stoppen, sobald Sie zur Technik des Leadings übergehen, denn das Leading ist vielmehr eine Methode um zu testen, wie hoch die Qualität und die Tragfähigkeit des Rapports in Ihrer Beziehung ist. Folgt der Gesprächspartner Ihnen in der Konversation nicht oder eher unwillentlich so ist es sinnvoll, sich erneut auf den Rapport zu konzentrieren und diesen zunächst zu verstärken, bevor mit dem Leading weitergearbeitet werden kann.

Das Leading ist im Neurolinguistischen Programmieren nicht darauf bedacht, seinem Gegenüber zu manipulieren oder ihn in eine Richtung zu lenken, die er selbst im Normalfall nicht einschlagen würde. Stattdessen basiert das Leading auf dem Win-Win-Prinzip. Hierbei handelt es sich um eine Konfliktlösung von dessen Ergebnis beide Parteien eines Gesprächs einen Nutzen haben. Es geht bei dem Leading nicht darum, den maximalen Nutzen für die eigene Person zu erzielen, sondern auch auf die Interessen des Gegenübers Rücksicht zu nehmen. Deswegen ist das Win-Win-Prinzip mit positivem Denken, ehrlichen Kompromissen und einer resultatorientierten Lösung verbunden. Natürlich wird in einigen Fällen eine gute Portion Kreativität erfordert, damit ein Kompromiss gefunden werden kann, der beide Parteien befriedigt und glücklich macht.

Schließlich bilden die Wahrnehmung (das B.A.G.E.L.-Modell, das Kalibrieren, das Pacing, der Rapport und das Leading eine Kette oder eine Art Kreislauf, denn immer wieder müssen wir durch diesen Prozess gehen um eine tiefgründige und hochwertige Beziehung zu unserem Gegenüber aufzubauen, den Anderen zu verstehen und auch uns selbst besser kennenzulernen. Dabei finden die Grundmuster der NLP-Kommunikation selten separat voneinander statt, sondern werden in der Regel simultan ausgeführt. Dadurch, dass Sie Ihr Gegenüber während einer Konversation immer wieder neu wahrnehmen und versuchen, die innere Haltung mit der äußeren Wahrnehmung zu kalibrieren, müssen Sie auch Ihr Pacing, den Rapport und das Leading immer wieder an neue Situationen anpassen und die einzelnen Prozesse gegebenenfalls verändern. Wer diese Grundmuster der Kommunikation im Neurolinguistischen Programmieren jedoch verinnerlicht hat und gut beherrscht, für den stehen alle Türen für die verschiedenen Methoden und Techniken des NLPs offen.

Lesen Sie im Anschluss mehr über die einzelnen NLP-Techniken, die sich gezielt einsetzen lassen.

Das Ankern

Wenn Sie einen Hund als Haustier haben, dann wissen Sie mit Sicherheit, dass die Erziehung des Haustiers eine große Menge mit der Konditionierung zu tun hat. Eine bestimmte Aktion des Herrchens steht in direkter Verbindung mit einer Reaktion des Hundes, welche mithilfe von Leckerchen oder anderen Belohnungen erlernt wurde. Erkannt hat dieses Phänomen der Konditionierung der russische Mediziner und Physiologe Iwan Petrowitsch Pawlow[vii]. Er führte Versuche mit Hunden durch und läutete vor der täglichen Mahlzeit der Tiere immer eine Glocke. Schon bald merkte der Wissenschaftler, dass viele Hunde bereits beim Klang der Glocke anfingen, Speichel zu produzieren, denn sie brachten das Bimmeln unbewusst mit der nachfolgenden Mahlzeit in Verbindung. Ebenso wie ein Hund konditioniert werden kann, bestimmte Tricks auszuüben oder die anstehende Mahlzeit zu antizipieren, lässt sich die menschliche Psyche darauf konditionieren eine nicht steuerbare Reaktion auf einen bestimmten Reiz auszuüben. Dieses Phänomen wird im Neurolinguistischen Programmieren *Ankern* genannt. Die Psyche eines Menschen wird beim Ankern jedoch nicht darauf programmiert, eine bestimmte Aktion als Antwort auf einen Reiz auszuführen, sondern stattdessen ein Gefühl mit dem jeweiligen Reiz zu verbinden. Dabei haben wir alle diese bestimmten Anker in unserem Leben, die uns, ohne dass wir uns dessen bewusst sind, zu einem bestimmten Gefühl hinziehen. Reflektieren Sie kurz und überlegen Sie, welcher Reiz ein Anker für Sie sein könnte. Ein Lied aus Ihrer Jugend kann zum Beispiel Emotionen und Gefühle ans Licht bringen, die Sie schon lange nicht mehr so erlebt haben. Auch kann das Betrachten eines bestimmten Bildes, eines Fotos oder eines ganz normalen Alltagsgegenstands dafür sorgen, dass bestimmte Emotionen ans Licht kommen. Dabei müssen die Reize nicht immer visuell sein sondern können auch akustischen (siehe das Beispiel mit dem Lied aus der Jugend) oder olfaktorischen Ursprungs sein.

Der Duft nach einer deftigen Linsensuppe weckt zum Beispiel nicht bei wenigen Erinnerungen an die Großmutter und auch der liebliche Geruch eines Parfums kann Sie an eine ganz bestimmte Person denken lassen.

Bei all diesen aufgeführten Beispielen handelt es sich um Anker, die den Menschen bewusst oder unbewusst eine bestimmte Emotion als Reaktion auf einen Reiz erleben lassen. Die wichtigsten Anker für das Neurolinguistische Programmieren sind jedoch jene Anker, die besonders starke und intensive Gefühlszustände hervorrufen. Vielleicht fragen Sie sich nun, was es mit diesen Ankern überhaupt auf sich hat. Das Ankern wird beim NLP in erster Linie nicht genutzt, um Emotionen bei anderen Menschen hervorzurufen, auch wenn dies möglich ist (dazu später mehr). Stattdessen wird das Ankern beim NLP dazu genutzt, um insbesondere die eigenen negativen Empfindungen durch positive Emotionen zu ersetzen. Denken Sie einmal zurück an Pawlows Experiment mit den Hunden. Dadurch, dass die Glocke geläutet wurde, haben alle Hunde angefangen unbewusst Speichel zu produzieren und sich somit – gleichermaßen unbewusst – auf die anstehende Mahlzeit zu freuen. Selbst wenn die Mahlzeit also nicht in unmittelbarer Nähe zu erkennen ist, ist die Freude bei den Tieren groß, denn der Reiz wurde weitergegeben, dass sich auf die Mahlzeit vorbereitet werden kann. Ebenso können wir Menschen unsere Psyche darauf konditionieren, Glücksgefühle mit gewissen Reizen zu verbinden. Dabei sind die Reize nicht auf das Visuelle, das Akustische oder das Olfaktorische beschränkt. Wir können diese Reize mit allen fünf Sinnen empfangen und mithilfe dieser eine negative Stimmung durch positive Emotionen ausbessern.

Wenn Ihnen bis jetzt noch nicht ganz klar geworden ist, was ein Anker für Sie sein könnte, dann schauen Sie sich einmal die folgenden Worte an:

- Regen
- Orange
- Konzert
- Sommer
- Sonnenuntergang
- Katze
- Bier

Mit einer großen Wahrscheinlichkeit ist Ihnen bei mindestens einem dieser Worte ein Bild oder eine Emotion in den Kopf geschossen. Sie hatten eine Assoziation, welche zu einem bestimmten Zeitpunkt in Ihrem Leben geankert wurde, wie zum Beispiel ein romantischer Sonnenuntergang, den Sie mit positiven Emotionen verbinden oder Ihr Haustier, welches eine Katze ist und mit dem Sie liebevolle Emotionen verbinden. Durch das Ankern ist es Ihnen möglich, in stressigen oder traurigen Situationen wieder zu einem ausgeglichenen emotionalen Zustand zu gelangen und sich selbst von schlechter Laune und negativen Emotionen zu befreien.

Gleichermaßen lässt sich das Ankern auch bei Ihren Mitmenschen anwenden um bestimmte Gefühle oder Ressourcen abrufen zu können. Dabei wird zwischen drei Anker-Techniken unterschieden: Dem Intonations-Ankern, dem visuellen Ankern und den Schlüsselworten:

Intonations-Anker

Wie der Begriff Intonations-Anker bereits vermuten lässt, geht es bei dieser Anker-Technik insbesondere um die Betonung. Diese kann nämlich einiges in einer Konversation ausmachen und eine Aussage positiv oder negativ erscheinen lassen.

Unsere Kommunikation liegt, wie Sie bestimmt wissen, nicht immer in der Bedeutung unserer Worte, sondern vielmehr in der Betonung dieser. In vielen Fällen werden Redewendungen, bestimmte Worte oder Ausdrücke bereits unbewusst verschieden betont, wodurch verschiedene Deutungsmöglichkeiten entstehen. So kann eine unterschiedliche Betonung folgendes erzeugen:

- Eine positive oder negative Stimmung
- Charaktere einer Erzählung oder Geschichte können in ein unterschiedliches Licht gestellt werden
- Bestimmte Zustände können geankert werden
- Das Bewusste und Unbewusste kann getrennt voneinander angesprochen werden

Visuelle Anker

Wir produzieren visuelle Reize in Konversationen hauptsächlich mithilfe unserer Mimik und Gestik. Insbesondere die Gesten besitzen dabei eine starke Macht und so hat jeder Mensch seine ganz eigenen gewohnten Gesten und Bewegungsabläufe. Auch die Mimik lässt sich aus einem Gespräch nicht ausschließen und wird so unweigerlich in das Verhalten und die Kommunikation einer Person mit einbezogen. All dies geschieht meistens ohne dass wir es mitbekommen oder die Gestik und Mimik des Gegenübers bewusst wahrnehmen. Gleichermaßen lassen sich visuelle Anker jedoch auch gezielt einsetzen, um einen bestimmten Zustand (bei einem selbst oder beim Gegenüber) zu kreieren. So lassen sich mithilfe von visuellen Ankern zum Beispiel Gedächtnisstützen bilden, die durch eine bestimmte Gestik oder Mimik hervorgerufen werden und auch die eigenen Zustände oder die Zustände der Mitmenschen lassen sich durch Gestik und Mimik ankern. Darüber hinaus können visuelle Anker auch dabei helfen, negative Gefühle und Einstellungen zu verbannen indem zum Beispiel bewusst ein „Mülleimer“ mit den Händen geformt wird, in welchen eben diese negativen Emotionen verbannt werden.

Schlüsselworte

Ebenso, wie Sie zu Beginn dieses Kapitels bei dem Wort „Sonnenuntergang“ vielleicht bestimmte Emotionen gefühlt haben, lassen sich auch weitere Schlüsselworte in unserem Sprachgebrauch finden, die bestimmte Emotionen in uns wecken können. Solche Emotionen können dabei positiv wie auch negativ sein und sind stark von der jeweiligen Person abhängig, bei der Sie das Ankern mithilfe von Schlüsselworten ausführen möchten. Das Wort „Regen“ kann zum Beispiel bei einer Person positive Emotionen durch die Erinnerung an einen angenehmen Sommerregen hervorrufen. Gleichermaßen kann dieses Wort jedoch auch negative Emotionen ans Licht bringen, wenn eine Person statt einem angenehmen und warmen Sommerregen einen unangenehmen und kalten Wolkenbruch mit diesem Wort assoziiert. Dadurch, dass Sie auf die Ressourcen der anderen Person zurückgreifen müssen, entsteht zwangsläufig eine tiefgehende Verbindung mit dieser Person. Gleichermaßen können Sie für sich selbst Schlüsselworte setzen, welche Sie in negativen Zuständen ans Tageslicht holen und sich somit an die positiven Emotionen erinnern, die das jeweilige Wort ans Licht bringt.

Darauf müssen Sie beim Ankern achten

Damit das Ankern beim Neurolinguistischen Programmieren überhaupt funktionieren kann müssen ein paar Punkte beachtet werden. Versuchen Sie, eine optimale Ausgangslage für das Ankern zu schaffen und diese Technik gewissenhaft durchzuführen. Je korrekter das Ankern ausgeführt wird, desto besser wird das jeweilige Ergebnis sein. Dabei muss insbesondere auf drei Dinge geachtet werden: Das Elizitieren, das Timing und die Genauigkeit.

Bei dem *Elizitieren* geht es darum, dass der Zustand, der geankert werden soll, auch wirklich rein ist. Das bedeutet, dass im Idealfall nur ein Gefühl stark vorherrscht und dieses nicht von anderen, negativeren Gefühlen begleitet wird. Das Gefühl der

Freude zum Beispiel lässt sich am besten Ankern, wenn es sich um echte und pure Freude handelt und nicht um eine Freude, die als Übersprungs-Handlung aus Verzweiflung oder Trauer entstanden ist (Sie kennen bestimmt das Phänomen, dass man laut loslachen möchte, wenn gerade alles schiefläuft). Auch Freude, die trotz eines negativen Gefühlzustandes entstanden ist, ist keine reine Freude, denn unbewusst werden hier oftmals die vorherrschenden negativen Emotionen mit in die Freude gebracht. Das Elizitieren bedeutet also, dass Sie Geduld mitbringen müssen, um bestimmte Emotionen bei anderen Personen und auch bei sich selbst ankern zu können.

Auch das *Timing* ist beim Ankern besonders wichtig, denn der Anker sollte im Idealfall kurz vor dem Eintreten des Höchstzustands des jeweiligen Gefühls gesetzt werden. Wird der Anker erst gesetzt, nachdem der Höchstzustand des Gefühls bereits verklungen ist, so wird auch der Anker keine große Bedeutung für die Person oder für Sie selbst besitzen. Ebenso sollte ein Anker nicht gesetzt werden, wenn ein Gefühl noch eine starke Steigerung erfährt, denn auch dann handelt es sich um einen wenig effektiven Zeitpunkt. Das Timing ist für das Ankern besonders wichtig und kann nur mit Übung und Gefühl erlernt werden. Geben Sie sich also Zeit und haben Sie Geduld mit sich selbst, dann wird es auch Ihnen schon bald gelingen, Gefühle bei sich selbst oder bei Ihrem Gegenüber zu ankern.

Auch die *Genauigkeit* wird beim Ankern gerne vernachlässigt, denn sie benötigt ebenfalls eine gute Portion Geduld, um Ergebnisse zu erzielen. Die Betonung von Worten, die Gesten und die Mimik sind hierbei besonders wichtig. Wenn eine bestimmte Emotion an einen Reiz gebunden werden soll ist es einfach wichtig, dass der jeweilige Reiz klar und deutlich zu verstehen ist.

Das bedeutet, dass die bestimmte Bewegung oder ein gewisses Wort besonders genau ausgeführt oder ausgesprochen werden müssen, damit sie als Anker dienen können. Ist der Anker nicht genau festgelegt so wird es auch in Zukunft schwerfallen, mithilfe des Ankers Emotionen hervorzurufen.

Six-Step-Reframing

Das Six-Step-Reframing ist mitunter die berühmteste Technik aller NLP-Modelle und hilft Ihnen bei der Veränderung von nachteiligen und ungeliebten Verhaltensmustern und Angewohnheiten. Wie der Name bereits vermuten lässt (Six-Steps = Sechs Schritte), geschieht eine solche Veränderung mithilfe eines Sechs-Schritte-Plans. Das Six-Step-Reframing findet besonders gut Anwendung bei psychosomatischen Störungen oder Verhaltensmustern, die im Unterbewusstsein vonstatten gehen und für Außenstehende in vielen Fällen nur schwer ergreifbar und verständlich sind. Beim Six-Step-Reframing wird grundlegend immer von zwei Dingen ausgegangen, nämlich, dass die Absichten hinter einem Verhalten immer positiver Natur sind und, dass das Betrachten von Absicht und Verhalten getrennt voneinander eine Analyse des Kontexts erlaubt, der dieses Verhalten an den Tag bringt.

Der erste Schritt beim Six-Step-Reframing bezieht sich darauf, zunächst festzulegen, was geändert werden soll. Führen Sie sich deutlich vor Augen welche Eigenschaft Ihnen Probleme bereitet und setzen Sie sich das Ziel, diese Eigenschaft zu ändern. Damit das Modell des Six-Step-Reframings etwas begreifbarer für Sie wird soll in diesem Kapitel folgendes Beispiel als Anschauung dienen: Frau Mustermann hat gemerkt, dass Sie Ihrem Ehemann sehr schnell Misstrauen entgegenbringt, wenn dieser nicht direkt auf Ihre Anrufe und Nachrichten antwortet. Zunächst muss Frau Mustermann sich in diesem Schritt ein paar Fragen zu Ihrer Ausgangslage stellen, nämlich: Was ist das Problem konkret?

Bei unserem Beispiel besteht das Problem in der Tatsache, dass Frau Mustermann Ihrem Mann nicht vertraut, sobald sie keinen direkten Kontakt mehr zu ihm haben kann. Die zweite Frage, die gestellt werden sollte, ist: Ist das jeweilige Problem das Hauptproblem, was eine Person blockiert oder könnte es auch Teil eines größeren Problems sein? Im Falle von Frau Mustermann ist davon auszugehen, dass sie nicht nur im Bereich der Kommunikation über das Handy Vertrauensprobleme ihrem Mann gegenüber hat, sondern diese tiefer liegen und von anderen Gegebenheiten herrühren könnten. Die dritte Frage ist: Stört mich dieses Problem dauerhaft oder nur manchmal? Frau Mustermann wird von Ihrem Problem in den Fällen gestört, in denen Sie Ihren Mann erreichen möchte und dies nicht tun kann. Es handelt sich also eher um ein gelegentliches Problem (auch wenn die Gründe für dieses Problem von einer dauerhaften Natur sein könnten). Die vierte Frage die Sie sich stellen sollten lautet: Ist das Verhalten, das ich ändern möchte, in manchen Situationen ein positives und angemessenes Verhalten? Frau Mustermann wird auf diese Frage mit großer Wahrscheinlichkeit mit einem „Nein" antworten müssen, insbesondere, wenn das Misstrauen ihrem Mann gegenüber unbegründet ist. Die letzte Frage, die Sie sich im ersten Schritt stellen sollten, zielt auf den Sinneskanal ab, über den Sie das jeweilige Problem erleben (VAKOG). Im Falle von Frau Mustermann kann davon ausgegangen werden, dass es sich um den kinästhetischen Sinneskanal, also um das Fühlen handelt, worüber sie die negativen Gefühle wahrnimmt und somit ein negatives Verhalten entwickelt.

Im zweiten Schritt des Six-Step-Reframings geht es darum, den positiven Hintergrund hinter einem negativen Problem zu erkennen. Erinnern Sie sich daran, dass hinter jedem Verhalten eine positive Absicht steht und genau diese gilt es nun zu entschlüsseln. Gehen Sie in sich und suchen Sie mit dem Teil Ihrer Selbst Kontakt, der das Problem immer wieder auslöst. Achten Sie dabei auf die kleinsten Details, wie Töne, Stimmen, Gerüche, Bilder und Gefühle, und suchen Sie nach Antworten. Diese Antworten lassen sich mit dem Beantworten der nachfolgenden Frage in vielen Fällen noch leichter herausfiltern: Wo befindet sich der Teil in Ihnen, der das problematische Verhalten auslöst? Im Fall von Frau Mustermann könnte spekuliert werden, dass die Eifersucht und das Misstrauen Ihrem Mann gegenüber aus ihren Gefühlen, insbesondere aus dem Gefühl der Liebe entspringt. Gleichermaßen kann es sein, dass Frau Mustermann negative Erfahrungen mit Ihrem Mann machen musste und die Vertrauensbasis gestört wurde. Die schlussendliche Ausgangslage ist bei diesem Beispiel jedoch, dass Frau Mustermann Ihren Mann nicht verlieren möchte, da sie ihn liebt und somit stärker auf eventuelle Vertrauensbrüche reagiert, als es sonst der Fall wäre.

Der dritte Schritt beim Six-Step-Reframing besteht aus einer einfachen Frage, nämlich: Sind Sie bereit für neue Wege? Sind Sie bereit, das hinderliche Verhaltensmuster abzulegen und ist es möglich, dieses negative Verhalten durch ein Positives zu ersetzen? Im Falle unseres Beispiels von Frau Mustermann kann mit einem klaren „Ja" geantwortet werden, denn Frau Mustermann hat keine Lust mehr auf die negativen Emotionen, die ihr Misstrauen und ihre Eifersucht auslösen und möchte dieses Verhalten, welches schlecht für sie selbst wie auch für ihren Mann ist, ändern und ins Positive umwandeln.

Beim vierten Schritt des Six-Step-Reframings geht es darum, kreativ zu werden. Auch, wenn Sie sich selbst nicht unbedingt als kreativ bezeichnen würden, geht es hierbei nicht um Bastelarbeiten oder die Dekoration Ihres Zuhauses. Vielmehr bezieht sich dieses kreative Potential auf die Lösungen von Problemen, die uns immer wieder im Alltag begegnen und durch unser kreatives Handeln dennoch kaum bis gar nicht einschränken. Versuchen Sie, das problematische Muster mithilfe von Kreativität zu lösen.

Betrachten Sie Ihr Problem und vergleichen Sie es mit Problemen, die Sie in der Vergangenheit bereits erlebt und mithilfe Ihrer Kreativität zufriedenstellend gelöst haben. Überlegen Sie sich im Idealfall drei Alternativen, mit denen Sie die positive Absicht, aus welcher das negative Problem entstanden ist, lösen können.

Frau Mustermann kann Ihr Problem der Eifersucht und des Misstrauens zum Beispiel mit folgenden Alternativen verbessern:

1. Sie versichert sich selbst, dass sie ihrem Mann vertrauen kann und es keinen Grund für Eifersucht oder Misstrauen gibt. Die positive, liebevolle Absicht bleibt dabei bestehen. Solch ein Zureden zu einem Selbst kann durch bestimmte Gesten oder bestimmte, markante Worte unterstützt werden.

2. Frau Mustermann hört auf, ihren Mann kontaktieren zu wollen, wenn dieser nicht zuhause ist und schreibt stattdessen alles, was sie ihm erzählen möchte, nieder. So kann es gar nicht erst passieren, dass Frau Mustermann ihren Mann nicht erreicht und negative Gefühle entstehen langsamer und können bei der gemeinsamen Konversation am Abend, in welcher Frau Mustermann von ihrem Tag berichtet, aufgelöst werden.

3. Frau Mustermann sucht bei ihrer besten Freundin Hilfe und kontaktiert diese immer, sobald das Misstrauen droht, sie zu übermannen. So lenkt Frau Mustermann sich ab und kann von ihrer Freundin die Bestätigung erfahren, dass es keinen Grund für Misstrauen und Eifersucht gibt. Auch so bleibt die liebevolle Absicht, die ein problematisches Verhalten erzeugt hat, erhalten und wird in ein positives Verhalten umgewandelt.

Im Anschluss an diese kreative Lösungsfindung ist es wichtig, alle drei Wege in den jeweiligen Situationen zu testen und sich immer wieder daran zu erinnern, dass eine Lösungsansatz auch abgebrochen werden kann, wenn er keine Ergebnisse erzielt. Wenn Frau Mustermann ihre beste Freundin zum Beispiel nie erreichen kann, weil diese, ähnlich wie ihr Mann, tagsüber arbeitet, so werden sich ihre negativen Gefühle nur noch mehr anhäufen. Stattdessen sollte Frau Mustermann versuchen, mit anderen kreativen Ideen für eine Lösung zu sorgen.

Der fünfte Schritt des Six-Steps-Reframing fragt in Ihrem Inneren nach, ob die neuen Verhaltensarten, die Sie für das Problem gefunden haben, auch gut für Sie als Person sind. Fühlen Sie also nach, ob Sie sich mit den neuen Lösungsansätzen wohlfühlen oder ob Ihnen Einwände einfallen. Sollte irgendetwas in Ihnen gegen ein neues Verhaltensmuster sprechen, dann ist es sinnvoll dieses Verhaltensmuster so lange zu ändern und anzupassen, bis Sie sich zu einhundert Prozent sicher sind, dass es sich um den richtigen Weg handelt. Kehren wir zu unserem Beispiel von Frau Mustermann zurück. Angenommen, Herr Mustermann hat Frau Mustermann niemals einen Grund gegeben, Eifersucht oder Misstrauen zu verspüren, so könnten die gefundenen Lösungsansätze sich sehr gut für Frau Mustermann anfühlen und ihr in Zukunft nachhaltig helfen, ihr negatives Verhalten in ein positives Verhalten umzuwandeln. Handelt es sich bei dem Misstrauen und der Eifersucht, die Frau Mustermann Ihrem Ehemann entgegenbringt, jedoch um eine begründete Sorge – zum Beispiel weil Herr Mustermann vor fünf Jahren eine Affäre mit einer Mitarbeiterin seiner Firma hatte – so wird die Entscheidung für die neuen Handlungsweisen eine schwierige für Frau Mustermann sein und sie wird sich nicht wohl fühlen. In solch einem Fall ist es sinnvoll, ein paar Schritte zurück zu gehen und zu erfragen, woher das eigentliche Problem herrührt (siehe Schritt zwei) und die Lösungsansätze auf die neugewonnene Erkenntnis anzupassen.

Der sechste Schritt des Six-Steps-Reframings ist darauf ausgerichtet, Ihre Verantwortung zu aktivieren. Stellen Sie sich folgende Fragen und versuchen Sie, diese ehrlich zu beantworten:

- Bin ich zufrieden mit meiner Lösung für das Problem?
- Kann ich mit meiner Lösung das Problem auf lange Sicht beheben?
- Übernehme ich die Verantwortung für das, was durch meine Verhaltensänderung geschehen wird?

Wenn Sie alle drei Fragen mit einem klaren und ehrlichen „Ja“ beantworten konnten, so wird es Ihnen in Zukunft nicht schwerfallen, das neue Verhalten in den jeweiligen Problemsituationen einzusetzen und nicht mehr in alte Verhaltensmuster zurückzufallen. Müssen Sie eine der Fragen jedoch mit einem „Nein“ beantworten, so sollten Sie den gesamten Prozess des Six-Step-Reframings noch einmal durchlaufen und dies so lange wiederholen, bis Sie ein absolut sicheres Gefühl haben und vollkommen hinter dem neuen Verhalten stehen.

Die Swish-Technik

Die Swish-Technik des Neurolinguistischen Programmierens hilft Ihnen, ähnlich wie das Six-Step-Reframing dabei, ungeliebte oder störende Angewohnheiten aus Ihrem Leben zu verbannen. Die Swish-Technik funktioniert dabei bei jenen Menschen besonders gut, die ein stark ausgeprägtes visuelles Vorstellungsvermögen besitzen und ihr Leben grundlegend durch die visuellen Sinneskanäle wahrnehmen. Der Grund hierfür liegt in der Tatsache, dass die Swish-Technik mithilfe von Bildern funktioniert. Die negativen Eigenschaften sowie die positiven Eigenschaften, in die die negativen Angewohnheiten umgewandelt werden sollen, werden bei dieser Methode bildlich vor dem geistigen Auge aufgerufen.

Dabei arbeitet die traditionelle Swish-Technik hauptsächlich mit drei Submodalitäten: der Größe, der Entfernung und der Helligkeit bzw. Dunkelheit. Letztendlich geht es bei dieser Methode darum, die negative Eigenschaft in Form eines Bildes vor dem inneren Auge zu projizieren und dieses Bild immer kleiner, ferner und dunkler erscheinen zu lassen. Gleichzeitig wird auch die positive Eigenschaft in Form eines Bildes vor das innere Auge geführt und nimmt an Volumen und ~~an~~ Helligkeit zu, sodass es immer größer in Ihr Sichtfeld rückt und dieses dominiert. Somit soll das helle und große Bild der positiven Eigenschaft das negative Bild der schlechten Angewohnheiten überschatten. Es geht bei der Swish-Technik nicht darum, das dunkle Bild der negativen Eigenschaft vollständig verschwinden zu lassen. Vielmehr ist der Sinn dieser Technik, dass das kleine und dunkle Bild in das große und helle Bild umgewandelt und mehr oder weniger integriert wird. Auch dies geschieht, ähnlich wie bei der vorigen Technik, mithilfe von sechs Schritten, welche Sie sicher durch diese Methode führen.

Der erste Schritt bei der Swish-Technik ist ein einfacher und dennoch meistens ungeliebter Schritt. Hier müssen Sie sich vor Augen führen, welche Eigenschaft Sie momentan in Ihrem Leben als negativ betrachten. Durch eine gründliche Selbstreflexion oder das Hineinfühlen in die eigene Psyche wissen Sie in der Regel schnell, welche Eigenschaften Sie weiterbringen und welche Sie eher hinunterziehen, Ihr Leben einschränken und somit aus Ihrem Leben verbannt werden sollten.

Im zweiten Schritt dieser NLP-Technik geht es wieder darum, zu begründen, woher diese negative Eigenschaft stammt und wie sie sich gebildet hat. Eine kleine Erinnerung: Beim NLP wird immer davon ausgegangen, dass jede Eigenschaft und jede Reaktion aus einer positiven Intention entsteht. Überlegen Sie also, woher diese negative Eigenschaft in Ihrem Leben stammt und analysieren Sie, wieso sich dieses Verhalten in Ihren Alltag integriert hat.

Der dritte Schritt der Swish-Technik ist die bildliche Visualisierung der negativen Eigenschaft sowie das Vorstellen der positiven Reaktion, die die negative Eigenschaft ersetzen soll, ebenfalls in Form eines Bildes. Wenn Ihnen auf Anhieb keine Bilder einfallen, die auf die negative Eigenschaft und die positive Reaktion passen, bietet es sich immer an, das eigene Spiegelbild zu betrachten. Dabei stellen Sie durch Mimik und Gestik das negative wie auch das positive Bild dar. Wer zum Beispiel dazu neigt, schnell aufbrausend zu werden, der kann diese Eigenschaft durch geballte Fäuste und einen bösen Gesichtsausdruck darstellen. Diese negative Eigenschaft kann im Anschluss zum Beispiel von einem Bild der Besonnenheit oder der Geduld überschattet werden. Dafür kann Mimik und Gestik unter anderem folgendermaßen aussehen: Sie stehen gelassen in einer aufrechten und offenen Position (die Arme sind nicht verschränkt) vor dem Spiegel und schauen sich selbst aufmerksam in die Augen. Der Mund wird dabei zu einem ruhigen und glücklichen Lächeln geformt. Natürlich können Sie Ihrer Fantasie bei der Swish-Technik freien Lauf lassen und die positiven wie auch negativen Eigenschaften in Form von Bildern, wie dem eines Sonnenuntergangs und eines Gewitters oder dreckigen Wassers und glasklaren Wassers umwandeln.

Im vierten Schritt der Swish-Technik geht es darum, das negative Bild durch das Positive zu ersetzen. Stellen Sie sich dafür eine große Leinwand wie im Kino vor. Zunächst wird die ganze Leinwand gefüllt mit dem dunklen, negativen Bild und das helle, positive Bild ist nur ganz klein in der rechten oberen Ecke zu erkennen. Zwingen Sie das negative Bild nun vor Ihrem inneren Auge immer kleiner zu werden, bis es am Ende als kleines Viereck in der linken unteren Ecke kaum noch zu sehen ist. Gleichzeitig wächst das Bild der positiven Reaktion, wird immer heller und füllt die Leinwand nach und nach aus, bis es das kleine dunkle Bild schlussendlich vollkommen überdeckt.

Der fünfte Schritt der Swish-Technik ist eine Wiederholung des vierten Schritts. Im Idealfall nehmen Sie sich genug Zeit um beide Bilder sieben Mal schrumpfen und wachsen zu lassen und somit das Wachsen der positiven Reaktion sowie das Schrumpfen und Verschwinden der negativen Eigenschaft zu verinnerlichen.

Bei dem sechsten Schritt der Swish-Technik handelt es sich um einen abschließenden Test. Prüfen Sie, ob die Anwendung dieser Technik erfolgreich war, indem Sie versuchen sich das dunkle Bild der negativen Eigenschaft einzeln vor Augen zu rufen. Fällt es Ihnen schwer, sich die Visualisierung der negativen Eigenschaft erneut vor Augen zu führen, so hat die Technik Erfolg gebracht. Sollte der Fall eintreten, dass Sie sich die Visualisierung der negativen Eigenschaft doch erneut ansehen können, so ist es ratsam alle Schritte dieser Technik erneut durchzugehen. Ein weiterer Test dafür, ob die Technik Ihnen geholfen hat eine negative Gewohnheit abzulegen ist die, sich bewusst in die Situationen zu begeben, in denen die ungeliebte Angewohnheit in der Regel aufgetreten ist und zu prüfen, ob der positive Gegenpart nun stattdessen die Führung übernimmt.

Fast-Phobia-Technik

Wir alle leiden unter Ängsten. Die Angst vor dem Versagen, die Angst vor Abhängigkeit und auch die Angst vor Spinnen oder Schlangen. In einigen Fällen entwickeln sich diese ganz normalen Ängste zu Phobien, die den Menschen enorm einschränken und seine Lebensqualität mindern können. Dabei kann sich ein Mensch nicht aussuchen, wovor er Angst hat oder bei welchen Dingen oder Ereignissen er Panik bekommt. Insbesondere bei starken Phobien spielt sich in den Köpfen der Menschen automatisch eine Art Film ab, der die Person in eine Art Schockstarre verfallen und große Angst empfinden lässt. Die Fast-Phobia-Technik kann Ihnen dabei helfen, Phobien und starke Ängste schnell aus Ihrem Leben zu verbannen. Dabei arbeitet diese NLP-Methode mithilfe von audiovisueller Kreativität. Dies mag zunächst etwas kompliziert klingen, jedoch kann diese Methode mit etwas Konzentration zu großen Erfolgen führen und Ängste und Phobien nachhaltig beseitigen.

Damit Sie die Fast-Phobia-Technik überhaupt richtig anwenden können ist es zunächst wichtig, genauer zu betrachten, woher Phobien kommen und wie sie entstehen. Wir Menschen werden nämlich in der Regel nicht mit Phobien geboren sondern erwerben diese im Verlaufe unseres Lebens. Grundlegend kann gesagt werden, dass Phobien allein in unseren Köpfen entstehen. In den meisten Fällen ist den Betroffenen sogar bewusst, dass die jeweiligen Phobien eher irrational oder unbegründet sind. Die Phobie vor Spinnen ist so zum Beispiel, zumindest im westlichen Europa, weitestgehend unbegründet, denn Spinnen sind hier absolut ungefährlich und zeigen weder ein aggressives noch ein böswilliges Verhalten. Gleichermaßen kann es geschehen, dass eine Person an einer Angst vor dem Fliegen leidet, der Aviophobie, und dennoch noch nie in seinem Leben in einem Flugzeug saß und somit keine negativen Erfahrungen mit Flugzeugen machen konnte, die auf eine solche Phobie verweisen könnten. Handelt es sich um eine starke Angst, die aufgrund eines Traumas oder einer negativen Erfahrung in einem bestimmten Themenbereich entstanden ist, so wird von einer Angststörung gesprochen. So leidet eine Person, die panische Angst vor dem Fliegen hat weil sie einmal beinahe abgestürzt wäre oder jemanden durch einen Absturz verloren hat, nicht an einer Aviophobie, sondern vielmehr an einer Angststörung. Die Fast-Phobia-Technik lässt sich dabei, wie der Name bereits vermuten lässt, ausschließlich bei Phobien anwenden. Angststörungen sind, aufgrund von vorigen Erfahrungen oder Traumata, weitaus komplexer.

Die Filme, die von Phobien geplagte Menschen immer wieder vor Augen sehen wenn sie mit der jeweiligen Phobie konfrontiert werden, ist der Schlüssel in der Fast-Phobia-Technik. Wenn Sie an einer Phobie leiden kennen Sie diesen speziellen Film bestimmt nur allzu gut. Nehmen wir das Beispiel der Phobie vor Spinnen, der Arachnophobie. Diese Phobie lässt sich selbstverständlich nicht dauerhaft im Leben erkennen, sondern tritt in Situationen auf, in denen eine Konfrontation mit dem Objekt der Phobie stattfindet. Wer also an einer Arachnophobie leidet und eine Spinne in seinem Wohnzimmer entdeckt, der bekommt in der Regel große Panik, jedoch nicht wegen einer kleinen Spinne, sondern wegen des Films, der sich in dem Kopf des Betroffenen abspielt. Bei solch einem Film handelt es sich im Rahmen einer Phobie oftmals um das Worst-Case-Szenario. Dies könnte zum Beispiel die Vorstellung sein, dass der Körper des Phobie-Patienten vollständig mit haarigen und krabbelnden Spinnen bedeckt ist und diese nicht von sich entfernen kann. Dieser Film hat auch eine Funktion für den Menschen, denn er ist mehr oder weniger das Signal das Gehirns, dass der Mensch sich dringend von der „Gefahrenquelle“ fernhalten soll. Die körperlichen Reaktionen auf eben diesen Film können dabei ein rasender Puls, Panikattacken, Schweißausbrüche oder auch die

Ohnmacht sein. Schlussendlich lässt sich also behaupten, dass der Körper eines Phobie-Patienten nicht auf eine kleine, ungefährliche Spinne reagiert, sondern auf den Film des Worst-Case-Szenarios, der sich im Kopf des Betroffenen abspielt. Es geht also nicht darum, alle Spinnen zu bekämpfen, die sich im Haus befinden könnten, sondern, die Kontrolle über den Film im Kopf zu übernehmen. Fangen Sie also an, Regisseur zu spielen.

Mithilfe der Fast-Phobia-Technik wird es Ihnen in Zukunft leichter fallen, die Kontrolle über den Katastrophen-Film in Ihrem Kopf zu erlangen und die Angst nach und nach zu überwinden. Dies geschieht mithilfe zweier Vorgänge: Im ersten Teil geht es darum, den persönlichen Film dissoziiert zu betrachten, ihn also nicht mehr als Teil des eigenen Seins wahrzunehmen und ihn umzuwandeln. Im zweiten Teil wird der Film quasi zurückgespult und in Form eines neuen Films wieder Teil Ihres Selbst. Die Fast-Phobia-Technik arbeitet dabei mit sieben Schritten:

Im Schritt Nummer Eins der Fast-Phobia-Technik geht es darum, sich den jeweiligen Film vor Augen zu führen, welcher sich abspielt wenn die innere Phobie geweckt wird. Stellen Sie sich diesen Film so detailliert und real wie möglich vor. Bereiten Sie sich dabei darauf vor, dass eine mehr oder weniger starke phobische Reaktion entstehen könnte.

Gehen Sie im Schritt Nummer Zwei diesen Film gründlich durch. Stellen Sie sich den Film vor Ihrem inneren Auge dabei jedoch in Schwarz-Weiß vor. Dies ist nämlich der Schlüssel für diese Technik. Spielen Sie den Film vor Ihren Augen so lange in Schwarz und Weiß ab, bis Sie sich der Situation oder dem Objekt nähern, auf welche Sie mit einer phobischen Reaktion reagieren.

Im dritten Schritt der Fast-Phobia-Methode gehen Sie noch einen Schritt weiter. Lassen Sie den Schwarz-Weiß-Film Ihrer Phobie weiter vor Ihrem inneren Auge abspielen, bis das Ereignis gezeigt wird, vor dem Sie sich am meisten fürchten.

Das kann zum Beispiel die Spinnen-Armee sein, die den Phobie-Patienten überrennt und nicht mehr loslässt. Besonders wichtig für diesen Schritt ist jedoch, dass Sie diesen Film nicht als Beteiligter, sondern als Außenstehender betrachten. Durch das Umwandeln des eigenen Filmes in einen schwarz-weißen Film wird es Ihnen leichter fallen, sich von der Situation zu distanzieren und diese aus einem fremden Blickwinkel zu betrachten.

Der vierte Schritt lässt den schwarz-weißen Katastrophenfilm stoppen, sobald das Worst-Case-Szenario erreicht ist (dies könnte im Falle der Arachnophobie zum Beispiel sein, dass die Spinnen sich ihren Weg in den Mund und in die Ohren bahnen). Betrachten Sie das schwarz-weiße Standbild Ihrer Phobie dabei immer noch als Außenstehender.

Im fünften Schritt verlassen Sie Ihre Position als Außenstehender und treten aktiv in den Film ein. Sie sind quasi Darsteller und auch Teilnehmer. Betrachten Sie die Situation aus der Ich-Perspektive und beginnen Sie, die schwarz-weiße Umgebung langsam mit Farbe zu füllen.

Im sechsten Schritt der Fast-Phobia-Technik wird zurückgespult. Sie befinden sich immer noch mitten im Film, der inzwischen wieder vollständig an Farbe gewonnen hat. Anstatt den Film nun jedoch weiterlaufen zu lassen spulen Sie ihn einfach zurück. Bewegen Sie sich mit dem Film weg von der Katastrophe zu der sicheren Ausgangslage. Im Falle des Arachnophobikers kann dies bedeuten, dass die Spinnen nach und nach den Körper des Menschen verlassen und in die Löcher zurückschlüpfen, aus denen sie ursprünglich gekrochen sind. Auch die Panik der betroffenen Person schwindet nach und nach, bis er wieder in seiner ruhigen und entspannten Ausgangslage angekommen ist.

Sobald Sie dieses Zurückkehren zu dem Beginn des farbigen und entspannten Films erreicht haben, sollten Sie Ihre Augen wieder öffnen.

Im siebten Schritt der Fast-Phobia-Technik geht es darum, das Erlernte zu verinnerlichen. Gehen Sie also die Schritte Eins bis Sechs mindestens fünf, wenn nicht sogar sieben, Mal durch und beenden Sie jedes Abspielen mit der ruhigen und entspannten Ausgangslage. Zum Abschluss können Sie überprüfen, ob die Phobie geschrumpft oder gar vollständig verschwunden ist. Begeben Sie sich gedanklich aktiv in eine Situation, die die jeweilige Phobie auslösen könnte und prüfen Sie, inwiefern Ihr Körper panisch reagiert. Sollte die Phobie noch nicht vollständig weg sein können Sie diese Technik so häufig anwenden, bis Sie frei von der jeweiligen Angst sind. Ebenfalls wichtig ist die Prüfung in der Realität, ob eine Besserung der Phobie erzielt wurde. Versuchen Sie am besten zeitnah zu prüfen, ob es zu Symptomen in einer realen Situation kommt. Sollte dieser Fall eintreten ist es selbstverständlich möglich, erneut alle Schritte durchzugehen und weiter an dem vollständigen Verschwinden der Phobie zu arbeiten.

Übrigens: Solche Worst-Case-Filme spielen sich nicht nur bei Phobien in unseren Köpfen ab. So gut wie immer, wenn ein Mensch vor einer potentiell gefährlichen Situation steht (dies kann auch eine wichtige Prüfung oder ein Job-Interview sein) warnt unser Gehirn uns vorab mithilfe eines individuellen Katastrophen-Films. Wer jedoch nicht unter einer Phobie leidet wird es als leichter empfinden, diesen Film einfach abzuschalten und sich auf die Situation einzulassen. Wenn Sie jedoch dazu neigen sich in Ängste und stressige Situationen hineinzusteigern, kann die Fast-Phobia-Technik Ihnen auch bei solch „kleineren" Angstproblemen weiterhelfen und Ihnen zu einem ruhigen und besonnenen Gemüt verhelfen.

NLP-Strategien

Dieses Kapitel Ihres Ratgebers befasst sich mit den Strategien des Neurolinguistischen Programmierens. Im NLP-Kontext versteht man unter einer Strategie die sogenannten Bewusstseinspläne, welche das Verhalten eines Menschen kontrollieren und als Ursprung für verschiedene Verhaltensweisen angesehen werden. So arbeiten diese Strategien auch bei der Organisation der Denkmuster mit, die wir im Alltag erleben und anwenden. Grundlegend arbeitet jeder Mensch, meistens unbewusst, mit Strategien, denn sie sind in uns veranlagt. Es lassen sich jedoch bewusst neue Strategien dazulernen und alte Strategien verändern oder verbessern. So können NLP-Strategien Ihnen in mehreren Bereichen Ihres Lebens helfen und zum Beispiel Ihre Kreativität, Ihre Motivation, Ihre Lernprozesse und auch Arbeitsprozesse verbessern.

Makro- und Mikrostrategien

Das NLP unterscheidet bei den Strategien zwischen zwei Arten dieser: Den Makro- und den Mikrostrategien. Dabei bezeichnet eine Makrostrategie im Normalfall eine langfristige Strategie, mithilfe derer Sie ein bestimmtes Ziel erreichen möchten. Wer zum Beispiel in seiner Jugend festlegt, dass er Tierarzt werden möchte, der verfolgt eine Makrostrategie, welche einen guten Schulabschluss, mehrere Praktika, sowie das Vorstudium, Physikum und den klinischen Teil des Veterinärmedizin-Studiums umfasst und den Betroffenen so über einen Zeitraum von mehreren Jahren an sein gesetztes Ziel bringt. Mikrostrategien hingegen sind die einzelnen Schritte innerhalb der Makrostrategie. Eine Mikrostrategie kann im Beispielfall des Tierarzt-Wunsches also sein, einen guten Praktikumsplatz zu bekommen, welcher durch das Versenden vieler Bewerbungen erreicht werden kann. Auch kann eine Mikrostrategie ein besonderes Lernverhalten für die Abschlussprüfungen sein, damit das große Ziel des Berufes eines Tierarztes über kurz oder lang erreicht werden kann.

Dabei ist eine jede Strategie, ob Mikro- oder Makrostrategie, immer von persönlichen Glaubenssätzen und der individuellen Einstellung einer Person geprägt. Durch eben diese Einstellung der jeweiligen Person wird selbstverständlich auch das Handeln bestimmt. Denken wir an unser Tierarzt-Beispiel zurück: Bei diesem Beispiel sind die Makro- sowie auch die Mikrostrategien darauf ausgerichtet, schulischen und anschließend beruflichen Erfolg zu erzielen. Dementsprechend kann angenommen werden, dass die Beispielperson dem beruflichen Erfolg einen hohen Stellenwert in ihrem Leben zuschreibt und seine großen wie kleinen Strategien darauf abstimmt.

Wenn Ihnen noch nicht ganz klar ist was genau Makro- und was Mikrostrategien sind, verfügt das Neurolinguistische Programmieren über ein einfaches Beispiel, nämlich das Kuchenbacken. Dabei ist der gesamte Prozess des Teigrührens und des Backens als eine Makrostrategie zu verstehen. Das große Ziel dieser Makrostrategie ist ein fertiger, saftiger und leckerer Kuchen. Um dieses große Ziel jedoch zu erreichen finden die Mikrostrategien Anwendung. Diese können zum Beispiel folgende Mini-Schritte sein: Das Mehl abzuwiegen, die Eier aufzuschlagen, die Butter zu verquirlen, alle Zutaten zu vermengen, die Backform zu fetten und so weiter und so fort.

Ähnlich, wie beim Kuchenbacken, ist die Reihenfolge bei den Mikrostrategien innerhalb einer Makrostrategie besonders wichtig. So bringt es Ihnen nichts, das Mehl abzuwiegen, wenn Sie nicht zuvor eine Schüssel bereitgestellt haben. Gleichermaßen ist es unsinnig, sich an einer Universität zu bewerben, wenn der Schulabschluss noch nicht erreicht ist. Nur, wenn alle Einzelkomponenten aufeinander abgestimmt sind, wird der Kuchen aufgehen und seinen leckeren Duft in der Küche verteilen.

Bei den Strategien im NLP geht es darum zu analysieren, wie wir Menschen diese einsetzen um bestimmte Ziele zu erreichen. Dabei können diese Strategien sogar konzeptualisiert werden. Das bedeutet, dass ein Mensch eine erfolgreiche Strategie einer anderen Person anwenden und damit selbst Erfolg erfahren kann. Gleichermaßen ist es möglich, die weniger erfolgreichen Strategien zu betrachten, zu analysieren und somit herauszufinden, wieso eine jeweilige Strategie keinen Erfolg bringt. So kann eine nicht erfolgreiche Strategie optimiert werden, um im Endeffekt beim Erreichen des Ziels zu helfen.

Submodalitäten im NLP

Damit Sie Mikro- und Makrostrategien in Ihrem Leben analysieren und anwenden können ist es zunächst sinnvoll, sich mit den Submodalitäten des Neurolinguistischen Programmierens zu beschäftigen. Hierbei handelt es sich um eine Art Werkzeug, welches Ihnen helfen kann auf Ihre eigenen Emotionen einzuwirken und diese zu verändern, subjektiv erlebte Eindrücke aus Ihrer Umwelt zu verarbeiten und auch gegen Ängste oder ungeliebte Angewohnheiten zu kämpfen. Dabei setzt sich der Begriff *Submodalitäten* aus den Worten *Sub- und Modalitäten* zusammen. Eine Modalität bezeichnet im Bereich der Sprachwissenschaft eine besondere Art der sprachlichen Bedeutung. Diese wird in der Regel mithilfe von Modalverben oder Adverbien ausgedrückt. So ist ein Beispielsatz mit einem Modalverb: „Die Katze <u>könnte</u> den Fisch gestohlen haben". Die Tatsachenbehauptung für diesen Satz ist dabei, dass die Katze den Fisch gestohlen hat. Das Modalverb „könnte" signalisiert dem Hörer jedoch in diesem Zusammenhang, dass es mehrere Szenarien geben kann. Die Wahrheit dieser einfachen Behauptung wird also offengelassen. Beim Neurolinguistischen Programmieren geht es aber nicht um die Modalitäten sondern um die Submodalitäten. Die Silbe „Sub-" deutet hierbei darauf hin, dass es sich um eine Unterordnung der Modalitäten handelt. Es geht also um die nächstkleinere Ebene des Erlebens, welche subjektiv ist. Mehr oder weniger handelt es sich bei Submodalitäten also um detaillierte Unterkategorien von unseren Repräsentationssystemen (VAKOG).

Während Modalitäten also dafür genutzt werden eine gewisse Bedeutung in einen Sachverhalt hinein zu interpretieren, einen Vorfall jedoch nicht objektiv zu beschreiben, werden Submodalitäten dazu genutzt das Erlebte zu beschreiben. So wirken sich die Submodalitäten am deutlichsten durch Begriffe aus, die auf unsere Repräsentationskanäle zurückzuführen sind. Laut, leise, tief, hoch, schrill und sanft sind so beispielsweise Gliederungen für den auditiven Wahrnehmungskanal und hell, dunkel, weit, fern und grell stellen Gliederungen für den visuellen Wahrnehmungskanal dar. Mithilfe der Submodalitäten nehmen wir unsere Umwelt wahr und können diese beschreiben. Ein Interpretieren unserer Umwelt ist mithilfe der Submodalitäten jedoch nicht möglich, denn es geht nicht um das Verändern oder Erforschen eines Gefühls, welches auf einer Modalität beruht. Vielmehr geht es um die Beschaffenheit und Struktur des Gefühls, welches auf der jeweiligen Modalität beruht.

So viel Theoretisches also aus dem Linguistik-Buch. Selbstverständlich müssen Sie sich all diese Begriffe und Erklärungen nicht zwingend merken um Submodalitäten verstehen zu können. Es ist jedoch sinnvoll für sich selbst zu verinnerlichen, dass Submodalitäten nichts anderes sind als eine Unterstufung unserer Wahrnehmung. Die Beschreibung „hell" ist also eine submodale Abstufung, welche über den visuellen Sinneskanal empfangen und eingeordnet wird. Solche Submodalitäten gibt es dabei für alle fünf Sinneskanäle (VAKOG: Visuell (sehen), Auditiv (hören), Kinästhetisch (fühlen), Olfaktorisch (riechen) und Gustatorisch (schmecken)). Jedes einzelne Repräsentationssystem sowie alle Subebenen dieser Systeme stellen eine unendliche Auswahl an Möglichkeiten dar, wie wir unsere Umwelt und Erlebtes wahrnehmen.

Wie Sie zu Beginn dieses Ratgebers bereits lesen durften, können Sie selbst mit etwas Übung bei anderen Personen heraushören, welche Repräsentationssysteme die jeweilige Person bevorzugt. Dies geschieht durch besondere sprachliche Merkmale, aber die Submodalitäten können einen Aufschluss auf eine gewisse Präferenz bieten.

Lesen Sie sich die nachfolgenden Sätze aufmerksam durch und beurteilen Sie, auf welchen Sinneskanal sich beim jeweiligen Satz bezogen wird:

1. „Da habe ich nur noch rotgesehen!“
2. „Du bist aber auch nicht der Hellste.“
3. „Die neue Sekretärin ist ganz schön heiß.“
4. „Es herrschte eine kühle Stimmung.“
5. „Das stinkt doch bis zum Himmel!“

Konnten Sie ausmachen auf welche Sinneskanäle sich die einzelnen Sätze bezogen haben? Schauen wir uns den ersten Satz an: Hier ist das Wort „rotgesehen“ ein Indikator dafür, dass der visuelle Sinneskanal bevorzugt wird. Ebenso deutet auch im zweiten Satz das Wort „Hellste“ auf eine Bevorzugung des visuellen Kanals hin. Im dritten Satz jedoch ist das Wort „heiß“ kein Indikator für den visuellen Sinneskanal, auch wenn das Aussehen eines anderen Menschen beschrieben wird. Das Wort „heiß“ deutet jedoch auf einen fühlbar wahrnehmbaren Zustand hin, was darauf schließen lässt, dass die jeweilige Person seine Umwelt vermehrt mit dem kinästhetischen Sinneskanal erlebt. Ebenso deutet das „kühl“ im vierten Satz auf den kinästhetischen Sinneskanal hin. Der fünfte Satz weist auf eine Präferenz des olfaktorischen Sinneskanals einer Person hin, denn der Begriff „stinkt“ verweist auf das Riechen.

Die wichtigsten Submodalitäten im NLP

Wie Sie sich inzwischen bestimmt denken können gibt es eine schier endlose Anzahl an Submodalitäten. Beim Neurolinguistischen Programmieren werden dabei jedoch die ersten drei Sinneskanäle hervorgehoben und als die „großen“ Sinneskanäle betitelt. Zu den großen Sinneskanälen zählen der visuelle, der auditive und der kinästhetische Sinneskanal. Nachfolgend finden Sie eine kleine Übersicht über die Submodalitäten dieser drei Sinneskanäle.

Hier werden Sie mit großer Wahrscheinlichkeit erkennen, wie endlos die Zahl an Submodalitäten und deren Verzweigung sein kann.

Visuelle Submodalitäten

Kategorie	**Wahrnehmung**
Schärfe	verschwommen oder klar
Kontrast	schwach oder stark
Helligkeit	dunkel oder hell
Licht	warm oder kalt
Entfernung	fern oder nah
Ansicht	Hintergrund oder Vordergrund
Größe	klein oder groß

Wenn Sie im Alltag die visuellen Submodalitäten näher betrachten und analysieren möchten bietet das Neurolinguistische Programmieren einige Leitfragen, die Ihnen helfen den eigenen Repräsentationskanal sowie seine Subebenen näher kennenzulernen. Vielleicht haben Sie schon einmal einen Film analysiert und wissen, dass die einzelnen Szenen für eine solche Analyse in ihre Einzelteile zerlegt werden müssen. Ist der Film schwarzweiß oder in Farbe? Handelt es sich um eine zwei- oder dreidimensionale Vorstellung? Ist das Bild zentriert und sind die Zwischenszenen in hellen oder dunklen Tönen gehalten? Wirkt eine Szene schnell oder eher schleppend auf Sie?

Genau das sind die Fragen, die Ihnen auch im Alltag helfen, Ihre visuellen Submodalitäten präzise und detailliert wahrzunehmen und somit beurteilen zu können.

Auditive Submodalitäten

Kategorie	**Wahrnehmung**
Tempo	langsam oder schnell
Lautstärke	leise oder laut
Tonhöhe	tief oder hoch
Melodie	disharmonisch oder harmonisch
Entfernung	fern oder nah
Klang	schwach oder kräftig
Ausdruck	gedämpft oder klar

Ebenso wie sich die Submodalitäten des visuellen Repräsentationskanals beurteilen und analysieren lassen können auch die Submodalitäten des auditiven Sinneskanals betrachtet werden. Bei den auditiven Submodalitäten muss jedoch eine Sache mit einbezogen werden, nämlich das was ausgesagt wird, denn das Gesagte in einer Konversation kann wiederum die Submodalitäten anderer Menschen beeinflussen. Das bedeutet, dass insbesondere innerhalb einer längeren Konversation nicht nur das Gesagte eine Aussage haben kann sondern auch das „Wie" des Gesagten. Also sind auch die Lautstärke, das Sprachtempo und der Klangcharakter ausschlaggebend für ein Verstehen oder Nichtverstehen der Aussage für den Zuhörer. Darüber hinaus gilt es zu beurteilen, ob das Gesagte als „spontan" oder „nicht-spontan" gelten kann, was erneut Rückschlüsse auf die Absichten Ihres Gegenübers bieten kann. Grundlegend ist dabei anzumerken, dass je größer die inhaltliche Bedeutung des Gesagten ist desto höher auch die Wahrscheinlichkeit ist, dass es sich um kein spontanes Gespräch handelt, sondern dieses vorab geplant wurde. Im Neurolinguistischen Programmieren ist es sinnvoll ein grundlegendes und detailliertes Verständnis über die Submodalitäten unserer alltäglichen Sprache zu besitzen. So stehen Ihnen mehrere Mittel zur Verfügung, um das Entstehen von Missverständnissen während einer Konversation zu vermeiden.

Kinästhetische Submodalitäten

Kategorie	**Wahrnehmung**
Temperatur	kalt oder warm
Druck	schwach oder stark
Bereich	klein oder groß
Dauer	lang oder kurz
Intensität	schwach oder stark
Gewicht	schwer oder leicht
Beschaffenheit	weich oder hart

Von den Submodalitäten der drei großen Repräsentationskanäle im Neurolinguistischen Programmieren haben die kinästhetischen Eindrücke und Submodalitäten mitunter die intensivste Wirkung auf den Menschen und auf sein Wohlbefinden. Dieser Sinneskanal dient nämlich nicht nur der Beschreibung der Gefühlslage anderer, sondern eignet sich auch dafür die eigenen Gefühle in Worte zu fassen. Hinzu kommt außerdem, dass die Reize, die wir empfangen, von den kinästhetischen Reizen dominiert werden. Während es uns dabei leichtfällt die visuellen und auditiven Reize zu beschreiben, denn sie sind in der Regel immer auf bestimmte Objekte gerichtet, ist dies bei den kinästhetischen Reizen nicht immer der Fall. So kann bereits ein Umschwung in der Temperatur dazu führen, dass wir uns unwohl fühlen. Oder aber auch: Die Oberfläche des einen Objekts fühlt sich für Sie angenehmer an als die Oberfläche eines anderen Objekts, was wiederum Ihre Gefühle beeinträchtigt. Wir sind umgeben von einer Vielzahl an kinästhetischen Reizen und können oftmals nur schwer in Worte fassen, was wir alles fühlen und erleben. Trainieren Sie Ihre Sinne immer mehr darauf, die vielen unterschiedlichen Reize über Ihre verschiedenen Sinneskanäle wahrzunehmen. Dies hilft Ihnen nicht nur zu einem besseren Verständnis Ihrer Mitmenschen und deren Sprache, sondern kann Ihnen auch ein besseres Verständnis über die eigenen Emotionen und Gefühle, die von Reizen diverser Natur ans Tageslicht geholt wurden, geben.

Übungen zu den Submodalitäten

Dieses gesamte Kapitel zu dem Themenbereich der Submodalitäten klingt natürlich sehr theoretisch und komplex. Das muss es jedoch nicht sein. Damit Sie verinnerlichen können wie Submodalitäten funktionieren und welche Wirkungen Sie auf den Menschen haben, finden Sie nachfolgend verschiedene Übungen, welche sich im Alltag immer wieder ausführen lassen und Ihnen so helfen, insbesondere die eigenen Submodalitäten besser zu verstehen und schlauer anzuwenden. Im Idealfall führen Sie diese Übungen zu zweit aus, da sich das Durchführen der Übungen so weniger kompliziert darstellt und Sie einander helfen können. So fällt es leichter, sich auf das Erlebte und nicht auf die Theorie dahinter zu konzentrieren. Selbstverständlich ist es auch möglich, die Übungen alleine durchzuführen. Achten Sie in solch einem Fall dennoch darauf, dass Sie den Ablauf und den Inhalt einer jeden Übung zuvor gründlich verinnerlicht haben, damit Sie nicht mitten in der Übung abbrechen und neu starten müssen oder ähnliches. Zur Veranschaulichung dieser Übungen dienen Herr und Frau Mustermann uns noch einmal als praxisnahes Beispiel. Wir nennen die beiden einfach Max und Maria. Die Ausgangslage für die Übungen ist, dass Sie und Ihr Übungspartner sich in einem ruhigen Zimmer gemütlich hinsetzen und eine entspannte Atmosphäre ohne Zeitdruck genießen.

Übung 1: Herausarbeiten von Submodalitäten

Schritt Nummer 1: Für die erste Übung versetzt Max sich in einen Zustand, welcher von angenehmen Emotionen dominiert ist (dies lässt sich am einfachsten mithilfe des Abrufens positiver Erinnerungen erreichen). Sobald Max diesen Zustand erreicht hat konzentriert er sich auf die Repräsentationssysteme, die aktiv sind und versucht, alle Submodalitäten herauszufiltern, die er erlebt. Maria notiert alle Submodalitäten, die Max genannt hat und hilft ihm in Sackgassen durch ein gezieltes Fragen nach einzelnen Submodalitäten weiter (hierfür können unter anderem die Übersichtstabellen, welche Sie zuvor gesehen haben, verwendet werden). Auch wenn Max anderweitig nicht mehr weiterkommt und ihm keine Submodalitäten mehr einfallen kann Maria helfen, indem Sie einfache Fragen stellt. Sind zum Beispiel visuelle Submodalitäten betroffen, kann es bereits genügen nach einer einfachen Beschreibung zu fragen. Dabei besteht ein Unterschied in der Sichtweise von Max. Betrachtet er den positiven Gefühlszustand, beziehungsweise die positive Erinnerung, assoziiert oder dissoziiert? Erfährt Max die Menge an Submodalitäten also aus erster Hand und ist Teil des

Geschehens? Oder betrachtet Max die Darstellung als Außenstehender und kann somit eher beschreiben, ob etwas nah oder fern ist? Hört Max jedoch vermehrt auditive Submodalitäten kann schon die einfache Frage: „Was hörst Du?“ helfen, neue Submodalitäten ans Tageslicht zu befördern.

Schritt Nummer 2: Dieser Schritt knüpft an dem ersten Schritt an, denn nun soll Max versuchen in Worte zu fassen, welche Gefühle in ihm von den Submodalitäten geweckt wurden. Dabei ist es gerade bei den kinästhetischen Submodalitäten wichtig zu beachten, dass diese nicht mit Meta-Gefühlen verwechselt werden. Der Unterschied liegt in der Anzahl an Submodalitäten, die ein Gefühl auslösen. Wenn viele, und vor allem Bereichsverschiedene, Submodalitäten zu einer Emotion führen handelt es sich in der Regel um ein Meta-Gefühl. Eine kinästhetische Submodalität jedoch drückt sich dadurch aus, wie der Mensch seine unmittelbare Umwelt wahrnimmt und beschreibt. So kann etwas kalt oder warm sein und ist somit eine Submodalität, welche zu einem Gefühl führt. Die Bewertung jedoch, ob die Person es gut findet, dass das Objekt warm oder kalt ist, wird als ein Meta-Gefühl bezeichnet. Nicht immer fällt es uns leicht diese zwei Zustände voneinander zu unterscheiden.

Schritt Nummer 3: Nun geht es bei Max nicht mehr um die positiven Emotionen, sondern um die Negativen. So soll Max sich ganz in einen negativen Gefühlszustand hineinfühlen, dies kann durch eine negative Erinnerung unterstützt werden und auch hier wieder die Submodalitäten nennen, die er erfährt. Maria wiederum greift sich erneut Zettel und Stift, notiert die genannten Submodalitäten und hilft mithilfe der Tabelle aus, sollten Max einmal die Worte fehlen.

Schritt Nummer 4: In diesem Schritt kehrt Max wieder in seinen gegenwärtigen Zustand zurück. Maria und er vergleichen die Submodalitäten der positiven wie auch der negativen Erfahrung und filtern gemeinsam heraus, welche Unterschiede und Gemeinsamkeiten zu entdecken sind.

Dies kann überaus aufschlussreich sein, denn so kann Max erkennen, welche Repräsentationskanäle er in positiven wie auch in negativen Situationen nutzt und bekommt ein besseres Verständnis über sich selbst.

Übung 2: Präzedieren und Intensivieren

In dieser Übung geht es darum, kritische Submodalitäten zu präzedieren (umzukehren) und positive Erfahrungen zu intensivieren. Dafür versetzt Max sich erneut in eine positive Gefühlslage, ähnlich dem Zustand des ersten Schritts der ersten Übung. Nun ändert Maria nach und nach die Submodalitäten dieses Zustands und notiert Max' Reaktion. Angenommen also Max beschreibt in seinem positiven Gefühlszustand die Submodalität „warm“ und Maria verändert diese Submodalität zu „heiß“ oder „kühl“, so kann es geschehen, dass Max' Reaktionen ins Positive wie auch ins Negative ausschlagen können. Die Submodalitäten, die durch eine kleine Veränderung (welche nicht das Gegenteil der jeweiligen Submodalität sein muss) bewirken, dass die Reaktion in eine positive oder negative Richtung ausschlägt, werden kritische Submodalitäten genannt. Nachdem Max und Maria gründlich erforscht haben was bestimmte Submodalitäten bei Max' Gefühlszustand bewirken können, kehrt Max wieder in den positiven Gefühlszustand von Beginn dieser Übung zurück. Zusammen ersetzen Max und Maria im Anschluss die kritischen Submodalitäten durch jene Submodalitäten, die Lisa unter dem Stichwort „positiv“ vermerkt hat. Dadurch intensiviert sich die positive Erfahrung.

Übung 3: Präzedieren und Abmildern

Bei dieser Übung handelt es sich quasi um das Gegenteil von Übung zwei. Es geht hierbei erneut darum kritische Submodalitäten umzukehren. Jedoch sollen negative Reaktionen und Erfahrungen abgemildert und geschwächt werden. Damit all dies geschehen kann versetzt Max sich erneut in den negativen Gefühlszustand aus der ersten Übung. Dies kann durch das vor Augen führen einer negativen Erfahrung oder Erinnerung geschehen. Erneut nennt Max die Submodalitäten, die er in der negativen Gefühlslage empfindet und Maria ersetzt die Submodalitäten nach und nach durch andere. Dabei notiert Maria, welche Submodalitäten welche Auswirkungen bei Max haben. Wieder kehrt Max im Anschluss in seinen ursprünglichen negativen Zustand zurück und ersetzt, mithilfe von Marias Notizen, die kritischen Submodalitäten durch die Submodalitäten, die eine positive Reaktion bei ihm ausgelöst haben. So kann es auch Ihnen gelingen selbst sehr negative Erfahrungen angenehmer zu gestalten und Ihre negative Wahrnehmung abzumildern.

Erfolgreiche Strategien durch vier Bedingungen

Über diverse Strategien und Ihre Anwendung im Alltag durften Sie bereits einiges lesen. Damit eine solche Strategie Erfolg bringend ist, unabhängig davon worauf sie bezogen ist, müssen zwingend vier strukturelle Bedingungen erfüllt werden:

Bedingung Nummer Eins: Eine Strategie funktioniert nur dann, wenn die drei Haupt-Repräsentationssysteme (visuell, auditiv und kinästhetisch) in dieser enthalten sind. Zwar besitzt jeder der fünf Sinneskanäle eine einzigartige Fähigkeit, um Informationen aufzunehmen und schlussendlich zu verarbeiten, jedoch sind die drei großen Haupt-Repräsentationssysteme die wichtigsten für eine erfolgreiche Strategie.

Bedingung Nummer Zwei: Eine jede Strategie funktioniert nur, wenn ein klar definiertes Ziel vorab festgelegt wurde. Dieses Ziel muss dabei von den Informationen der jeweiligen Repräsentationssystemen geprägt sein. Um dies zu bewerkstelligen benötigt die Strategie Freiraum für Feedback und eine Sammlung an generellen Informationen.

Bedingung Nummer Drei: Eine Strategie benötigt zwingend einen Entscheidungspunkt. Wenn also in der Bedingung Nummer Zwei nicht ausreichend Informationen gesammelt wurden, weil zum Beispiel nicht genügend Repräsentationssysteme genutzt wurden, so kann es vorkommen, dass der Betroffene keine Entscheidung treffen kann. Sobald diese Person also vor einer wichtigen Entscheidung innerhalb dieser Strategie steht und nicht genügend Informationen gesammelt hat, wird es schwerfallen eine Entscheidung zu treffen und die Person steckt in einer Art Schleife fest. Wer sich jedoch zuvor einen Entscheidungspunkt festlegt, kann diese Schleife durchbrechen.

Bedingung Nummer Vier: Eine Strategie muss reflektiert werden. Immer wieder ist es sinnvoll zu beurteilen, ob die Strategie noch den Erfolg bringt den sie ursprünglich bringen sollte. Das bedeutet, dass der Betroffene einen Schritt zurücktritt und von außen betrachtet, inwiefern die Strategie sich in der letzten Zeit entwickelt hat. So ist ein vorzeitiges Abbrechen möglich, sollte die Strategie ins Leere oder gar in die falsche Richtung führen. Eine solche Beurteilung kann übrigens auch von außen, von guten Freunden oder Familienmitgliedern kommen, die Sie kennen und denen Sie vertrauen.

Die Strategie-Installation

Damit eine Strategie in Ihrem Leben Anwendung findet und Sie an Ihr Ziel bringt muss die Strategie gründlich in Ihr Leben installiert werden. Somit wird aus einer einfachen Strategie ein Automatismus, welcher in Zukunft unbewusst oder sogar vollständig automatisch ausgeführt werden kann. Damit dies geschieht, muss eine Person eine Strategie gänzlich neu erlernen, wobei das Lernen an sich dafür sorgt, dass die Strategie automatisch und unbewusst ausgeführt wird. Auch hierfür bietet das Neurolinguistische Programmieren drei verschiedene Vorgehens-Ansätze:

Ansatz Nummer Eins: Dieser Ansatz ist denkbar einfach, denn es geht darum, die Strategie einfach auswendig zu lernen und sie so zu verinnerlichen. Gehen Sie Ihre Strategie immer wieder Schritt für Schritt durch halten Sie sich genau an Ihre eigenen Vorgaben. So wird die jeweilige Strategie mit einiger Zeit mehr oder weniger automatisch in Ihrem Leben integriert sein.

Ansatz Nummer Zwei: Die NLP-Technik „Anker" kann Ihnen dabei helfen, Strategien in Ihrem Leben zu installieren. Mithilfe der Metapher des Ankers und seiner Kette können neue Strategien so schnell erlernt und integriert werden. Dabei repräsentieren die einzelnen Kettenglieder der Ankerkette die einzelnen Schritte in der Strategie, die zum Ziel führen.

Ansatz Nummer Drei: In diesem Ansatz geht es weniger um das Lernen von neuen Strategien, sondern um das Vergessen von alten Strategien, die Sie nicht an das Ziel geführt haben. Wer zum Beispiel unter einer Reizüberflutung leidet wenn er an seine Strategie denkt, weil zu viele alte Strategien im Weg stehen und die Sicht blockieren, sollten diese bereits genutzten Strategien bewusst aus seinen Gedanken verbannen. Dies kann durch eine Unterbrechung der ausgeführten Strategien geschehen.

Die Utilisation – Anwendung von Strategien

Sobald eine neue Strategie erlernt wurde ist es natürlich sinnvoll diese auch anzuwenden. Im Neurolinguistischen Programmieren wird dieser Prozess als *Utilisation* bezeichnet. Eine neue Strategie lässt sich übrigens nicht ausschließlich in realen Situationen utilisieren. Stattdessen können die jeweiligen Situationen auch gut mithilfe des gezielten Einsatzes von bestimmten Sinneseindrücken simuliert werden, was bei der Anwendung der Strategie schlussendlich keinen Unterschied ausmacht. So ist es Ihnen möglich Ihre Strategien auszuprobieren, zu bewerten und zu modifizieren, sollte dies sinnvoll sein.

Doch wie lässt sich eine gewisse Situation simulieren um in dieser die jeweilige Strategie anzuwenden? Eine einfache und wirkungsvolle Möglichkeit hierfür ist die NLP-Technik des Ankerns. Vielleicht erinnern Sie sich noch an das Kapitel zum Ankern aus diesem Ratgeber: Beim Ankern erinnert sich eine Person an einen Reiz oder eine Repräsentation, welche eine Reaktion auszulösen vermag. Für das Utilisieren einer Strategie ist die Technik des Ankerns aus dem Neurolinguistischen Programmieren mitunter das wichtigste Werkzeug, denn eine Strategie kann nicht modifiziert werden wenn sie nicht zuvor getestet und angewendet wurde. Durch das Ankern haben Sie die Möglichkeit Ihre neu erlernte Strategie anzuwenden und zu beurteilen, inwiefern Ihr Ziel erreicht wurde, sowie im Anschluss die Strategie, entsprechend Ihren Ergebnissen aus der Utilisierung, mithilfe der Anker zu verändern. All dies geschieht ohne dass Sie Kontakt zu Ihren Mitmenschen aufnehmen oder sich tatsächlich in die jeweilige Situation begeben müssen.

Das Recycling von Strategien durch Entscheidungspunkte

Wer eine alte und augenscheinlich unnütze Strategie durch eine neue ersetzt muss die alte Strategie bei weitem nicht aus seinem Leben verbannen. Stattdessen lassen Strategien sich recyceln und können in einem anderen Kontext wiederum zum Erfolg führen. Um eben diese Situation zu finden, in der die alte Strategie anwendbar bleibt, ist es sinnvoll einen Entscheidungspunkt zu installieren. Ein Entscheidungspunkt ist im Neurolinguistischen Programmieren so etwas wie eine Weggabelung. Nach Eingang der jeweiligen Repräsentation stehen Sie also am Entscheidungspunkt und müssen selbst wählen, ob es in der aktuellen Situation sinnvoll ist nach rechts oder links abzubiegen.

Wird ein Entscheidungspunkt nicht installiert oder ist dieser an einer schlechten Stelle platziert so kann es vorkommen, dass Sie bei der Bewertung einer bestimmten Situation überfordert sind. Das kann dazu führen dass nicht nur eine Strategie, sondern gleich zwei Strategien angewendet werden wollen, obwohl nur eine Strategie Ihnen Erfolg bringt. So fühlt sich der Mensch in solchen Fällen oftmals unentschlossen und ratlos. Selbstverständlich ist es im NLP möglich immer nur eine Strategie auf einmal anzuwenden, weswegen ein falsch gesetzter Entscheidungspunkt schlussendlich für Verzweiflung und im schlechtesten Fall für eine Fehlentscheidung sorgen kann. Dabei ist es nicht schwierig einen Entscheidungspunkt richtig zu setzen und sich an diesen zu erinnern. So bietet es sich in bestimmten Situationen an, auf welche sich zwei oder mehrere Strategien anwenden lassen, ein optisches Signal auszuüben, welches Sie innehalten und nachdenken lässt. Dieses Signal kann ein akustisches Signal oder auch ein negativer wie positiver kinästhetischer Reiz sein. Dieser Reiz oder das Signal muss lediglich die Funktion erfüllen Ihnen bei der Beurteilung der Situation und der Auswahl der passenden Strategie zu helfen.

Das Streamlining

Wenn Ihre entwickelte Strategie zu langsam ist, Sie nicht effektiv zum Erfolg bringt oder andere negative Eigenschaften aufweist, kann es hilfreich sein sich des sogenannten Streamlining-Prozesses zu bedienen. Dieser Prozess aus dem Neurolinguistischen Programmieren beschleunigt die jeweilige Strategie und ersetzt in erster Linie akustische Schritte durch Auditive. Wir alle, beziehungsweise die meisten Menschen, haben den Prozess des Streamlinings auch schon unbewusst durchlebt. So ist das Beispiel des Lesenlernens ein sehr Passendes für das Streamlining. Während Grundschüler das Lesen bestimmter Worte oder Sätze durch das Ausformulieren mithilfe des Mundes erlernen benötigt diese Lese-Strategie selbstverständlich viel Zeit. Der auditive Schritt dieser Lese-Technik, welcher beinhaltet, dass wir nur das lesen und verstehen können, was wir gleichzeitig (durch das Aussprechen des Gelesenen) auditiv wahrnehmen, wird mit der Zeit und mit reichlich Übung durch einen optischen Schritt ersetzt werden. Wie Sie vielleicht gerade selbst bemerken müssen Sie nicht laut vorlesen was in diesem Ratgeber steht, damit Sie seinen Inhalt verstehen. Es genügt die Buchstaben und Worte optisch wahrzunehmen und so zu verstehen, was diese bedeuten. So funktioniert der Prozess des Streamlinings beim NLP bei vielen verschiedenen Strategien und ersetzt mit etwas Übung einen Schritt, der etwas zu lange braucht, durch einen Schritt der über einen anderen Repräsentationskanal ausgeführt wird und dementsprechend weniger Zeit in Anspruch nimmt.

NLP-Strategien und wie sie angewendet werden

In diesem Kapitel werden Ihnen verschiedene Strategien des Neurolinguistischen Programmierens vorgestellt und im gleichen Zuge erklärt, wie Sie die jeweilige Strategie in Ihrem Leben anwenden und von dieser profitieren können.

Die Grundstruktur – das TOTE-Modell

Dieses Akronym, welches in erster Instanz vielleicht etwas seltsam oder gar morbid klingen mag, steht nicht für Dinge, die einem Horrorfilm entsprungen sein könnten, sondern für die Begriffe: ***T**est, **O**perate, **T**est, **E**xit.* Das *TOTE*-Modell aus dem Neurolinguistischen Programmieren verhilft Ihnen zu einem einfachen Einblick in den Prozess des Lernens eines Menschen und dient gleichzeitig als Grundstruktur für diverse Strategien aus dem NLP. Bei dem TOTE-Modell geht es also um nichts anderes als von einem Start-Punkt – beziehungsweise dem Ist-Zustand – zu einem Ziel zu gelangen. Dabei bezeichnet der Ist-Zustand nicht die Umstände, in denen Sie sich momentan befinden, sondern vielmehr den Zustand den Sie erreichen möchten. Der Wunsch-Zustand repräsentiert unterdessen die tatsächliche Umsetzung des Ist-Zustandes. Somit beginnt diese Strategie damit, dass Sie zunächst festlegen welchen Wunsch Sie haben oder was erreicht werden soll. Dieser Ist-Zustand wird nun getestet und Sie prüfen, inwiefern Ist- und Wunsch-Zustand übereinstimmen und was getan werden muss, damit beide Zustände sich nicht mehr voneinander unterscheiden. Dieses Prüfen der Übereinstimmungen beider Zustände wird im NLP *Test* genannt. Die Modifizierung des Ist-Zustandes hin zum Wunsch-Zustand wird im Anschluss *Operate* genannt. Sind alle Änderungen ausgeführt gilt es erneut zu testen und zu vergleichen, ob der Ist-Zustand sich dem Wunsch-Zustand angepasst hat. Unterscheiden sich die beiden Zustände nicht mehr voneinander und sind deckungsgleich so ist die Strategie beendet, wofür das *Exit* des Akronyms steht.

Sollten Ist- und Wunsch-Zustand jedoch noch nicht deckungsgleich sein empfiehlt es sich das EXIT-Modell erneut durchzuführen.

So funktioniert schließlich auch das menschliche Lernen. Wer zum Beispiel eine Matheklausur vor sich liegen hat, der hat den Ist-Zustand, dass er noch nicht sonderlich viel vom Thema versteht und mehrere Kapitel auswendig lernen sollte. Der Wunsch-Zustand ist dementsprechend, dass der Mathe-Schüler alle Kapitel gelernt hat und das Thema vollständig versteht. Der Schüler lernt nun den Stoff und vergleicht immer wieder seinen erreichten Wissensstand zu dem Stand, den er zuvor hatte. Durch diesen Vergleich wird ihm auffallen, an welchen Stellen noch Lücken vorzufinden sind oder ob er bereits all das verinnerlicht hat, was er sich vorgenommen hat, zu verinnerlichen. In solch einem Fall gilt die Strategie als abgeschlossen und unser Beispiel-Matheschüler muss sich keine Angst vor der anstehenden Klausur machen. Realisiert der Schüler während des *Tests* jedoch, dass der Part des *operates* nicht vollständig funktioniert hat, er sich also nicht all das merken konnte was er wollte, muss er die Strategie weiter ausführen bis er seinen Ist-Zustand dem Wunsch-Zustand vollständig angeglichen hat.

Entscheidungsstrategie

Nicht wenige Menschen leiden unter dem Problem der Unentschlossenheit. Sei es in der Eisdiele, bei der Filmauswahl oder bei der Wahl des Outfits für den Tag. Die Entscheidungsstrategie aus dem Neurolinguistischen Programmieren ist also eine sehr gefragte und gleichermaßen effektive Strategie, die auch Ihnen helfen kann Entscheidungen zu treffen, ohne lange Zeit zu grübeln und abzuwägen welche Option die Bessere ist.

Dabei ist die Entscheidungsstrategie kein Wundermittel und arbeitet ebenso wenig mit übernatürlichen Mächten.

Stattdessen geht es bei der Entscheidungsstrategie darum das eigentliche Problem zu erkennen, für welches eine Lösung gefunden werden muss. Zwar nehmen wir eine zu große Auswahl an Eissorten in der Regel nicht als Problem per se wahr, jedoch gibt es auch hier ein unterschwelliges „Problem“ welches gelöst werden muss, bevor eine Entscheidung getroffen werden kann. Darüber hinaus gibt es natürlich auch Entscheidungen die wir in unserem Leben treffen müssen, die die Frage nach der Eis-Sorte oder dem richtigen Outfit an Wichtigkeit übertreffen. Im Neurolinguistischen Programmieren wird deswegen zwischen drei Problemarten unterschieden:

Das Problem der zu großen Auswahl

Dieses Problem kennen wir wohl alle. Es spielt auf das Eis-Sorten-Szenario von zuvor an – wir Menschen haben oft Probleme uns zu entscheiden, wenn die Auswahl zu groß ist. Dabei ist nicht die Auswahl an sich das Problem sondern eher unsere Fähigkeit, uns einen Überblick zu verschaffen und abzuwägen, welche der vielen Optionen die Richtige ist. Dieses Problem der zu großen Auswahl kann sich auf alltägliche Dinge beziehen, wie die Filmauswahl für den gemeinsamen Abend. Gleichzeitig kann es bei dieser Problematik aber auch um wichtige Entscheidungen gehen, wie die Entscheidung für die richtige Ausbildungsstelle nach Ende der Schulzeit oder für den neuen Job. Insbesondere aufgrund von Zeitmangel, den ein Großteil der Menschen sich unnötigerweise selbst auferlegen, fällt es uns schwer zwischen den vielen verschiedenen Möglichkeiten zu entscheiden. Stattdessen wählt der Mensch in der Regel zwei Alternativen der vielen Optionen aus und entscheidet mithilfe eines „Entweder-Oder“-Verfahrens. Es fällt dem Menschen also schwer die Anzahl der vielen Möglichkeiten sinnvoll einzugrenzen und auszuwählen, wodurch oftmals einfach zwei Alternativen, die einigermaßen passen könnten, einander gegenübergestellt und verglichen werden. Nehmen wir noch einmal das Beispiel der vielen verschiedenen Eissorten zur Hand:

Herr Mustermann hat Lust auf ein Eis und wartet geduldig in der langen Schlange vor der Theke. Sobald Herr Mustermann vor dem großen Sortiment steht geht das Grübeln los – „Vanille oder doch Schokolade?". Dass ganz hinten links die eine Sorte steht, die Herr Mustermann am liebsten isst, nimmt er gar nicht wahr, denn der Zeitstress, der durch die vielen Menschen in der Schlange hinter ihm ausgelöst wird, hält Herrn Mustermann davon ab sich einen Überblick zu verschaffen und zwischen allen möglichen Optionen abzuwägen. Natürlich trifft Herr Mustermann schlussendlich eine Entscheidung, nämlich für Schokolade oder Vanille, denn bei diesen Sorten kann er ja gar nichts falsch machen. Dennoch ist das Endergebnis für Herrn Mustermann schlussendlich nicht so befriedigend wie wenn er alle Optionen bei der Eis-Auswahl wahrgenommen und seine eigentliche Lieblingssorte erkannt hätte.

Das Problem der Wahrnehmung

Wie in diesem Ratgeber bereits häufiger erwähnt wurde, haben viele Menschen eine Präferenz für einen der fünf Sinneskanäle ausgebildet und präferieren so zum Beispiel den auditiven oder den optischen Sinneskanal. Tatsächlich spielt sich über diese Kanäle nicht nur unsere alltägliche Kommunikation ab sondern auch die Verarbeitung von Informationen. Wir kehren erneut zu dem Beispiel aus der Eisdiele zurück. Angenommen Herr Mustermann präferiert insbesondere seinen optischen Sinneskanal und kann, aus welchen Gründen auch immer, die Speisekarte der Eisdiele nicht sehen. Stattdessen zählt ihm ein Mitarbeiter alle Sorten, die verkauft werden, nacheinander auf. Vielleicht können Sie sich in diese Situation hineinfühlen, denn viele Menschen sind in solchen Situationen überfordert alle Informationen richtig zu verarbeiten und am Ende eine Entscheidung aufgrund dieser unvollständigen Informationen zu treffen. Es stehen uns in solch einem Fall einfach nicht ausreichend Informationen zur Verfügung, damit wir ein Feedback erstellen können welches zu Entscheidungen fähig ist.

Das Problem mit der Analyse und Bewertung

Wer ungeeignete Kriterien benutzt um die Optionen zu analysieren und zu bewerten, die einem präsentiert werden, der wird Probleme mit der Entscheidungsfindung haben. So wird es Herrn Mustermann schwerfallen die richtige Eissorte auszuwählen, wenn er sich ausschließlich auf die Farben dieser konzentriert und den Geschmack, das wichtigere Kriterium in diesem Fall, außer Acht lässt. Gleichermaßen fällt es uns schwer eine Entscheidung zu treffen wenn wir die einzelnen Optionen mit unterschiedlichen Kriterien beurteilen und analysieren. Wer zum Beispiel auf der Suche nach neuen Tellern ist und den einen Teller anhand seiner schönen Optik bewertet, den zweiten Teller jedoch auch toll findet, weil dieser sehr robust ist und den dritten Teller aufgrund des sehr günstigen Preises als positiv empfindet, der wird sich erneut schwertun eine Entscheidung aufgrund dieser Analyse zu fällen.

Das wichtigste bei diesen Entscheidungsproblemen im Neurolinguistischen Programmieren ist, sich der unterschwelligen Problematik bewusst zu sein und sich selbst immer wieder nach der Ursache der Entscheidungsschwierigkeiten zu fragen. Prüfen Sie Ihr Verhalten und das Setzen Ihrer Prioritäten immer wieder und eignen Sie sich so nach und nach neue Entscheidungsstrategien an, die Ihnen den Alltag und wichtige Entscheidungen enorm erleichtern werden. Darüber hinaus können Ihnen natürlich auch die verschiedenen NLP-Strategien bei dem Treffen von Entscheidungen helfen.

Die SMART-Strategie

Die Smart-Strategie aus dem Neurolinguistischen Programmieren soll Ihnen dabei helfen Ziele und Wünsche zu formulieren und diese dann auch zu erreichen. Das Akronym **SMART** steht zwar für das englische Wort „intelligent“, jedoch setzt es sich auch bei dieser Methode aus verschiedenen Wörtern zusammen die Ihnen gleichermaßen das Vorgehen in dieser Strategie erklären:

S = Spezifisch:

Je genauer und je positiver Sie Ihr Ziel formulieren, desto stärker wird sich Ihre Motivation automatisch entwickeln. Insbesondere Ziele, die eine Verhaltensänderung beinhalten, lassen sich einfacher angehen wenn diese positiv ausformuliert werden und die betroffene Person das Ziel in all seinen Details vor Augen hat. So wird der Satz „Ich will nicht mehr eifersüchtig sein“, von Frau Mustermann ausgesprochen, auf lange Sicht für weniger Motivation und Erfolg sorgen, als wenn Frau Mustermann formulieren würde: „Ich möchte meinem Mann in allen Angelegenheiten vertrauen und ihm meine Liebe zeigen.“. Gleichermaßen haben die Worte „Ich will kein Junkfood mehr essen!“ weniger Effekt auf eine Person, als die Aussage „Ich möchte ab sofort einen gesunden Lebensstil pflegen.“. Je positiver die Aussage und je größer der Kontext, in welchen Sie gestellt wird, desto spezifischer lässt sich das Ziel für den Betroffenen erkennen und auch realisieren.

M = Messbar:

Damit ein Ziel nach und nach realisiert werden kann sollten die Fortschritte, die Sie in die richtige Richtung gehen, sichtbar für Sie vermerkt sein. So wird die Messbarkeit des Ziels für Sie besser wahrnehmbar und es kann Sie mit Stolz erfüllen, so lange durchgehalten und an der Erfüllung Ihres Ziels gearbeitet zu haben. Vielleicht kennen Sie den Prozess der anonymen Alkoholiker, bei dem ein Mensch nach einer bestimmten Zeitspanne der Enthaltsamkeit eine Münze oder einen Chip bekommt und diesen aufbewahrt, bis er die nächste Münze bekommt. Diese sichtbaren Signale machen Mut und schenken neue Kraft für das weitere Erreichen des Ziels. Gleichermaßen kann es der Person, die ab sofort auf Junkfood verzichten möchte, helfen jeden Tag ein Kreuz in den Kalender zu machen, wenn keine ungesunde Nahrung konsumiert wurde. Je mehr Kreuze – insbesondere viele Kreuze hintereinander – im Kalender zu sehen sind, desto höher wird die Messbarkeit des Ziels und desto besser entwickelt sich das Selbstvertrauen und die Motivation, welche zur Erreichung des Zieles entscheidend beitragen.

A = Attraktiv:

Dieses Wort ist fast selbsterklärend, denn wenn wir ein tolles und schönes Ziel vor Augen haben – in anderen Worten: ein für uns attraktives Ziel – dann geben wir in der Regel alles dafür, um dieses Ziel zu erreichen. Nicht immer erscheinen Ziele für uns attraktiv, insbesondere, wenn wir dafür scheinbar positive Dinge aus unserem Leben verbannen müssen. So ist das Ziel für unseren Junkfood-Liebhaber (kein Junkfood mehr zu essen) in erster Linie nicht attraktiv, denn gesundes Essen schmeckt ihm nun einmal nicht so gut. Hier gilt es also sich das Ziel schöner und attraktiver zu machen. So kann die betroffene Person sich ausmalen wie viel besser die Haut aussehen wird, wenn das ungesunde Essen dauerhaft wegfällt oder auch der Gewichtsverlust durch eine gesündere Ernährung kann das angestrebte Ziel deutlich attraktiver erscheinen lassen.

R = Realistisch:

Dieser Punkt ist der mitunter wichtigste Punkt der SMART-Strategie, denn wenn ein Ziel nicht realistisch ist wird es mit aller Wahrscheinlichkeit auch nicht realisiert werden. Es geht bei diesem Punkt also darum das gewünschte Ziel möglichst realistisch zu formulieren und sich keine falschen Vorstellungen zu machen. Zwar können das positive Denken und eine starke Motivation sowie eine ausgeprägte Willenskraft dem Menschen helfen seine Ziele anzugehen, jedoch benötigt es ein wenig mehr, nämlich die realistische Sichtweise auf das Ziel. Wer sich vornimmt innerhalb von zwei Wochen zehn Kilogramm Gewicht zu verlieren, der kann noch so viel an sich und seine Ziele glauben, denn so viel Gewicht in solch kurzer Zeit zu verlieren ist nicht nur ungesund sondern auch relativ unrealistisch. Setzt die Person sich jedoch das Ziel, zehn Kilogramm innerhalb eines halben Jahres oder ein paar Monaten abzunehmen, so ist die Wahrscheinlichkeit des Erreichens dieses Ziels deutlich höher.

T = Terminiert:

Es kann ungemein helfen sich ein Datum für das Erreichen des Ziels zu setzen, dieses also zu terminieren. Dabei geht es nicht darum den Startpunkt festzulegen, sondern vielmehr zu entscheiden bis wann das Ziel erreicht sein soll. So ist es für unseren Junkfood-Liebhaber wenig sinnvoll sich als Vorsatz für das neue Jahr vorzunehmen, gesünder zu essen. Stattdessen sollte die Person sich vornehmen bis zum Ende des kommenden Jahres gesund zu essen und Junkfood zu meiden. Dadurch, dass wir oftmals festlegen ab sofort dies oder das nicht mehr zu tun oder nicht mehr zu essen und dann doch Ausrutscher haben und genau das tun was vermieden werden sollte, sinkt die Motivation stark und wir bekommen das Gefühl versagt zu haben. Ein terminiertes Ziel, welches in einen realistischen (dies ist besonders wichtig, siehe voriger Textabschnitt) Zeitrahmen gelegt wurde, erlaubt kleine Ausrutscher und Rückfälle ohne dass das Ziel verfehlt wurde.

Die Flexibilitäts-Strategie

Wie der Name dieser Strategie aus dem Neurolinguistischen Programmieren bereits verrät geht es bei dieser Methode darum, flexibler zu werden und auf unterschiedliche Situationen mit einer großen Portion Flexibilität und Variabilität zu reagieren. So hilft die Anwendung der Flexibilitäts-Strategie Ihnen dabei die unterschiedlichsten Herausforderungen zu meistern und aus einer Starre herauszukommen, die uns einengt und uns die Möglichkeiten nimmt. Wie so oft beim Neurolinguistischen Programmieren wird auch diese Strategie in einzelnen Schritten erlernt und angewandt. In diesem Fall handelt es sich um zehn Schritte:

Schritt Nummer Eins: Überlegen Sie, in welchen Situationen Sie die Flexibilitäts-Strategie anwenden könnten. Wo fühlen Sie sich unflexibel und erleben dementsprechend mehr Herausforderungen, an denen Sie vielleicht sogar regelmäßig scheitern? Wo entsteht Frustration, weil Sie nicht aus Ihrer Haut herauskommen?

Schritt Nummer Zwei: Ankern Sie diese Frustration aus einer entsprechenden Situation. Wie die Technik des Ankerns funktioniert, können Sie erneut im entsprechenden Kapitel der NLP-Techniken nachlesen.

Schritt Nummer Drei: Denken Sie nun über die Szenarien nach, in denen Sie diverse Herausforderungen bereits mithilfe Ihres kreativen Denkens und natürlich auch Handelns bewältigt haben. Das dieses Szenario dominierende Gefühl sollte ein Positives sein, wie zum Beispiel das Gefühl der Freude.

Schritt Nummer Vier: Ähnlich wie Sie bereits das Gefühl der Frustration geankert haben ankern Sie nun das positive Gefühl der Freude.

Schritt Nummer Fünf: Sobald Sie beide Gefühle geankert haben verketten Sie die beiden Anker miteinander. Das Ziel dabei ist, dass der zweite Anker (die Freude) eine unmittelbare Reaktion auf den ersten (die Frustration) darstellt, sobald diese sich in unterschiedlichen Situationen bemerkbar machen. Beachten Sie jedoch dringend die Gefahr, dass beide Anker (bei einer unsauber ausgeführten Technik) miteinander verschmelzen könnten. Dies sollte auf gar keinen Fall geschehen, denn beide Anker müssen klar voneinander getrennt sein damit Sie im Anschluss nacheinander abgerufen werden können.

Schritt Nummer Sechs: Rufen Sie sich den zweiten Anker der Freude hervor und halten diesen gedrückt. Besinnen Sie sich nun auf eine der negativen Situationen aus dem ersten Schritt, in welcher Sie Herausforderungen aufgrund von fehlender Kreativität und Flexibilität nicht meistern konnten, und betrachten dieses Szenario im Licht des positiven Ankers. Überlegen Sie nun, mithilfe welcher kreativen Handlung Sie die jeweilige Herausforderung meistern könnten. Gleichermaßen können Sie übrigens auch über ein Szenario nachdenken, welches in der Zukunft ansteht.

Schritt Nummer Sieben: Denken Sie an die anstehende Herausforderung und überlegen Sie sich fünf Handlungsalternativen. Beachten Sie dabei, dass jeweils eine Alternative pro Repräsentationssystem (VAKOG) zu wählen.

Schritt Nummer Acht: Versetzen Sie sich in das Szenario und probieren Sie gedanklich alle fünf Alternativen aus. Beobachten Sie genau welche Gefühle welche Alternative – und somit das jeweilige Repräsentationssystem – bei Ihnen auslöst.

Schritt Nummer Neun: Mit großer Wahrscheinlichkeit werden Sie beim Austesten dieser Alternativen bemerken, dass eine Alternative Ihnen mehr abverlangt und ein größeres Herausforderungsgefühl auslöst als die anderen vier Handlungsalternativen. Genau diese „schwierige" Alternative wird nun für die Bewältigung der jeweiligen Herausforderung gewählt.

Schritt Nummer Zehn: Sobald Sie all diese Schritte abgeschlossen haben und eine Alternative griffbereit ist, mit welcher Sie die neue Herausforderung angehen möchten, ist es auch tatsächlich an der Zeit zu handeln. Der zehnte Schritt dieser Strategie ist also das tatsächliche Umsetzen der Alternative in der jeweiligen Herausforderung.

Eine hohe Flexibilität im Leben bringt Ihnen nicht nur mehr Erfolg sondern auch Gelassenheit und Entspanntheit. So verschwenden flexible und kreative Menschen weniger Zeit damit sich gegen neue und unbekannte Dinge zu wehren. Oftmals sind wir so sehr in unserem Alltag eingefahren, dass wir gar nicht merken wie starr die Muster und Abläufe um uns herum eigentlich sind. Steigern Sie Ihre Flexibilität, nicht nur mithilfe der Flexibilitätsstrategie, sondern auch mithilfe von kleinen Dingen. Nehmen Sie sich zum Beispiel vor neue Dinge zu erleben und zum Beispiel einfach eine andere Route zur Arbeitsstelle zu nehmen. Oder fangen Sie an mindestens drei Menschen in Ihrem Umfeld täglich ein ernst gemeintes Kompliment zu geben. Allein solche kleinen Veränderungen und Herausforderungen locken den Menschen aus seinem Häuschen und helfen ihm, sich leichter auf neue Situationen einstellen zu können.

Die Liebes-Strategie

Ein jeder Mensch verfügt über ein Muster anhand dessen er bestimmt, welche Kriterien ein Lebenspartner erfüllen muss. Dieses Muster besitzen wir in der Regel ganz unbewusst. Dabei funktioniert ein solches Muster bei einigen Menschen ganz hervorragend und sie sind seit Jahren in einer Partnerschaft. Bei vielen anderen Menschen wiederum ist das Muster unnötig kompliziert herausgearbeitet. Diese Menschen haben oftmals zu hohe oder zu niedrige Ansprüche oder wissen schlussendlich ganz einfach nicht, welche Ansprüche sie überhaupt erheben möchten. Die Liebes-Strategie eignet sich besonders gut für die Personen, die Probleme bei der Partnerwahl haben, welche oft auf unbekannte oder falsch ausgewogene Ansprüche zurückzuführen ist. Genau deswegen hilft Ihnen die Liebes-Strategie des Neurolinguistischen Programmierens sich selbst die wirklich wichtigen Fragen zu stellen und somit herauszukristallisieren, worauf es für Sie ganz persönlich bei der Wahl Ihres zukünftigen Partners ankommt.

Versetzen Sie sich hierfür in eine Situation zurück in welcher Sie das letzte Mal das empfunden haben, was für Sie das Gefühl starker Liebe darstellt. Sollte Ihnen auf Anhieb kein solches Gefühl einfallen ist es auch möglich, mithilfe der Anker-Technik ein ähnlich starkes Gefühl heraufzubeschwören. Sobald sich ein Gefühl in Ihnen einstellt, welches der Liebe ähnlich ist, beginnen Sie sich selbst die richtigen Fragen zu stellen. Diese Fragen könnten zum Beispiel sein:

- Was muss mein Partner haben um als der oder die Richtige bezeichnet zu werden?
- Was muss mein Partner haben oder können um in mir das Gefühl der Liebe hinauf zu beschwören?
- Muss mein Partner ein bestimmtes Verhalten an den Tag legen? Wenn ja, welches? (Dies könnten zum Beispiel Verhaltensweisen sein, wie dass der Partner Sie regelmäßig zu einem romantischen Dinner einlädt, für Sie kocht oder Ihnen einfach auch aufmerksam zuhören kann.)
- Muss mein Partner eine bestimmte Eigenschaft besitzen? Muss er zum Beispiel spontan oder großzügig sein?
- Muss mein Partner eine bestimmte Optik besitzen? Muss er zum Beispiel blonde Haare, eine gute Figur oder Piercings haben?

Sobald Sie sich Ihren Traumpartner ausgemalt haben – Sie dürfen auch gerne notieren, was Ihnen alles eingefallen ist – ist es an der Zeit zu entscheiden, ob das Gefühl der Liebe erst entsteht, wenn ein Mensch all diese Erwartungen erfüllen kann. Kann es jedoch auch sein, dass der Partner eine bestimmte Verhaltensweise hat, die in Ihren Augen wichtiger ist und deswegen das Fehlen anderer Modalitäten ausgleichen kann? Verfahren Sie nach diesem Muster weiter und entdecken Sie, was Ihnen am Ende bei der Findung des Lebenspartners oder der Lebenspartnerin wirklich wichtig ist. Herr Mustermann zum Beispiel hat einen langen Katalog mit den Eigenschaften, die seine Partnerin mitbringen sollte. Sie sollte eine gute Figur haben, blonde Haare, sie sollte gut zuhören können, geduldig und treu sein, zu ihm stehen und sich im Idealfall auch für seine Hobbies interessieren. Die Lebenspartnerin, die Herr Mustermann schließlich fand, besaß weder eine Model-Figur noch war sie blond. Darüber hinaus ist Frau Mustermann keine Meisterin der Geduld. Dadurch jedoch, dass Frau Mustermann immer zu Herrn Mustermann steht, ihm treu ist und sogar seine Interessen teilt, sind das Aussehen und diverse andere Eigenschaften in den Augen von Herrn Mustermann gar nicht mehr so wichtig. Dies bedeutet auf gar keinen Fall, dass Herr Mustermann seine Erwartungen und Wünsche heruntergeschraubt hat nur um eine Partnerschaft führen zu können. Vielmehr bedeutet es dass Herr Mustermann erkannt hat dass niemand perfekt ist und dass die vielen positiven Eigenschaften seiner Partnerin die kleinen negativen Eigenschaften oder Fehler wettmachen.

Die Rechtschreibstrategie

„Wie schreibt man dieses Wort noch einmal?" – Diese Situation kennen Sie bestimmt, selbst wenn solch ein Vorfall das letzte Mal in Ihrer Schulzeit vorkam. Die Rechtschreib-Strategie ist eine ähnlich einfache Strategie, wie das TOTE-Modell. Sie erklärt uns, wie der Prozess der Rechtschreibung in unseren Köpfen geschieht. Dieser Prozess der Rechtschreibung ist dabei eine Art Grundprinzip, nach welchem ein jeder Mensch Entscheidungen trifft.

Somit beginnt jede Rechtschreibstrategie mit einem auditiven Reiz, einem Wort. Wer das Wort „Apfel" zum Beispiel hört der hat in der Regel instinktiv das visuelle Bild eines Apfels vor Augen. Im Anschluss wird das visuell konstruierte Bild mit Bildern des gleichen Wortes (in geschriebener Form) abgeglichen. Dieses Bild des geschriebenen Wortes wird dabei in unseren Erinnerungen gefunden. Wenn das Bild des Apfels mit dem Bild des geschriebenen Wortes des Apfels übereinstimmt, erfährt der Mensch ein positives kinästhetisches Gefühl. Stimmen beide Bilder jedoch nicht richtig überein, so fühlt der Mensch sich unsicher oder erlebt ein negatives kinästhetisches Gefühl.

Kommt ein positives kinästhetisches Gefühl auf, so wird das Wort geschrieben. Entsteht jedoch ein negatives kinästhetisches Gefühl muss der Prozess solange wiederholt werden, bis das negative Gefühl sich in ein Positives umwandelt. Somit hilft die Rechtschreibstrategie uns dabei, zunächst eine visuelle Konstruktion des jeweiligen Wortes vor unserem inneren Auge zu erstellen und im Anschluss mithilfe des kinästhetischen Gefühls zu prüfen, ob die Rechtschreibung des Wortes die richtige ist. Dabei gibt es Personen, bei denen diese Rechtschreib-Strategie fast automatisch im Kopf abläuft und die über eine sehr sichere Rechtschreibung verfügen. Diese Menschen haben das Schreiben und die Rechtschreibung quasi im Gefühl – tatsächlich ist dieser Satz im Sinne des NLPs gar nicht so falsch, denn das kinästhetische Gefühl hilft uns enorm, die richtige Entscheidung beim Schreiben zu treffen.

Die Pralinen-Strategie

Wir alle kennen dieses Gefühl: Ein Tag voller Aufgaben und To-Do´s liegt vor einem und die Motivation ist noch vor dem Aufstehen in den Keller gesunken. In solchen Szenarien kann Ihnen die Pralinen-Strategie helfen neue Motivation und Freude an Aufgaben zu finden, selbst wenn diese Ihnen unwillentlich auferlegt wurden und Sie eigentlich eher negative Emotionen mit der jeweiligen Aufgabe verbinden. Selbstverständlich hilft diese Strategie Ihnen auch bei Aufgaben und Herausforderungen, die Sie sich selbst auferlegt haben. In solchen Fällen werden diese jedoch meistens mit positiven Emotionen assoziiert.

Visualisieren Sie zunächst eine Aktivität oder einen Gegenstand, mit welchem Sie sehr positive Gefühle verbinden. Suchen Sie sich quasi eine Art Praline aus und konzentrieren Sie sich auf diesen Motivator. Im Anschluss erfolgt die Visualisierung des Selbst. Stellen Sie sich selbst vor, wie Sie die jeweilige Aufgabe erledigen, die Ihnen auferlegt wurde oder die Sie sich selbst auferlegt haben und zu welcher Sie sich nicht sehr gut motivieren können. Sollten Sie sich selbst nicht deutlich vor Ihrem inneren Auge betrachten können, so sollten Sie überlegen ob es deutliche und ausdrückliche Einwände gegen das Genießen dieser Aktivität gibt, dies ist in der Regel jedoch seltener der Fall. Stellen Sie sich nun zunächst das Bild der Aufgabenbewältigung Ihrerseits vor und visualisieren Sie im Anschluss das Bild Ihrer persönlichen Praline. Schieben Sie beide Bilder hintereinander, sodass die Praline hinter der Aufgabe verschwindet und zunächst nicht mehr zu sehen ist. Stellen Sie sich danach vor, wie sich ein Loch in die Mitte des Aufgabenbildes brennt und immer größer wird. Nach und nach fängt das Bild Ihrer persönlichen Praline an, durch dieses Loch hindurchzuscheinen. Je größer das Loch wird, desto mehr sehen Sie von der Praline und desto größer wird auch Ihr Glücksgefühl.

Lassen Sie das Loch so groß entstehen, dass Sie starke Glücksgefühle beim Anblick des Bildes Ihrer persönlichen Praline empfinden. Beurteilen Sie selbst, wie stark das positive Gefühl ist und wie viel stärker es noch werden kann, je größer das Loch im negativen Bild wird. Sobald das Glücksgefühl das Maximum erreicht hat schließen Sie das ausgebrannte Loch im Bild der Aufgabe blitzartig. Dadurch überträgt sich das Glücksgefühl Ihrer Praline automatisch auf das Aufgabenbild. Vielleicht kommt Ihnen dieses Vorgehen in erster Instanz etwas seltsam vor und mit großer Wahrscheinlichkeit wird das erste Ausführen dieser Strategie Ihnen auch nicht den größten Erfolg bringen. Je häufiger Sie diese Strategie jedoch ausüben, desto mehr Glücksgefühle werden Sie beim Ansehen des Bilds der Aufgabe empfinden und desto mehr Glücksgefühle werden Sie in Zukunft mit dem Bewältigen der realen Aufgabe assoziieren, wodurch Ihre Motivation selbstverständlich steigen wird.

Die Walt-Disney-Strategie

Vielleicht erinnert der Name dieser Strategie Sie an eine berühmte Person, nämlich Walt Disney, dem Begründer der Disney-Company. Dies ist beabsichtigt, denn die Walt-Disney-Strategie des Neurolinguistischen Programmierens basiert auf einer ganz bestimmten Strategie, die die Person, die zahlreiche Kindheiten prägte, sich zu Eigen machte. Das Problem, vor welchem Walt Disney nämlich häufiger stand war, dass er eine Vielzahl an Träumen, Visionen und Vorstellungen hatte, die nur schwierig zu sortieren und zu ordnen waren. So trennte er all diese Eindrücke bewusst in drei Phasen der Zielsetzung und betrachtete, wie in einem Rollenspiel, eine Person oder ein bestimmtes Problem aus drei unterschiedlichen Blickwinkeln[viii]. Dabei unterschied Walt Disney zwischen:

1) der Phase des **kreativen Träumers**,
2) der Phase des **realistischen Planers** und der
3) der Phase des **konstruktiven Kritikers**.

Für das Betrachten der unterschiedlichen drei Phasen besaß Walt Disney außerdem jeweils einen eigenen mentalen Raum, der auf die jeweilige Phase abgestimmt war und ihm mithilfe der Einrichtung und der Ausstattung half, eine Phase in einen produktiven, mentalen Zustand zu bringen. Auch Sie können diese mentalen Räume bilden und diese für die Steigerung Ihrer Kreativität und Ihrer Produktivität nutzen. Wie gewohnt arbeitet das Neurolinguistische Programmieren auch bei dieser Strategie mit mehreren Schritten:

Schritt Nummer Eins: Zu Beginn ist es selbstverständlich wichtig einen Raum für die entsprechende Phase zu gestalten. Jeder der drei Räume sollte dabei über eine Ausstattung und eine bestimmte Atmosphäre verfügen, die Ihnen in der jeweiligen Phase am besten zur Produktivität verhilft. Dabei sind Ihrer Fantasie natürlich keine Grenzen gesetzt und Sie sollten den Raum mit so vielen Details wie möglich ausschmücken.

Schritt Nummer Zwei: Verbringen Sie Zeit in Ihren mentalen Räumen und machen Sie sich mit der Umgebung bekannt. Wechseln Sie außerdem die Räume immer wieder, dies teilweise auch in einer schnellen Reihenfolge, und prüfen Sie so ob Sie die Visualisierungen der verschiedenen Räume schnell und in all ihrem Detailreichtum heraufbeschwören können.

Schritt Nummer Drei: Nehmen Sie die Position des kreativen Träumers ein.

Schritt Nummer Vier: Beginnen Sie mit der Suche nach einer Begebenheit oder Situation, in welcher Sie von einer besonders hohen Kreativität bewegt waren und Ihre Fantasie voll ausschöpfen konnten. Sollte Ihnen dies schwerfallen können Sie sich gleichermaßen in eine Ihnen bekannte Person hineinversetzen, von der Sie wissen, dass sie über eine hohe Kreativität verfügt. Stellen Sie sich die Frage, wie die kreative Person in der jeweiligen Situation handeln würde und bringen Sie sich selbst so in einen Zustand von hoher, kreativer Produktivität. Sobald der vierte Schritt erfolgreich gelungen ist, ist es sinnvoll Ideen zu sammeln und zumindest mentale (wenn nicht sogar schriftliche) Notizen zu machen.

Schritt Nummer Fünf: Aufgrund dessen, dass der vierte Schritt Sie insbesondere bei den ersten Malen einiges an Konzentration und Anstrengung kostet, sollten Sie in diesem Schritt die Position des Träumers verlassen und eine kurze Pause einlegen. So wird Ihnen auch die Trennung der verschiedenen Räume und Phasen leichter fallen.

Schritt Nummer Sechs: Sobald Sie sich erholt haben sollten Sie nun die Position des realistischen Planers einnehmen. Betreten Sie Ihren eigens für diese Phase geschaffenen Raum und beschwören Sie erneut eine Situation herauf, die ein starkes Gefühl in Ihnen hervorruft. Dieses Mal geht es jedoch nicht um das Gefühl der Kreativität sondern um das Gefühl des Realismus. Erinnern Sie sich an eine Situation in der Sie rational und realistisch planen mussten. Dies beinhaltet eine sorgfältige und auch langfristige Planung. Erneut können Sie sich auch in eine Ihnen bekannte Person hineinversetzen, von der Sie wissen dass Sie in diesem Bereich besonders gute Fähigkeiten vorweist. Sobald Sie also den Zustand des realistischen Planers eingenommen haben sollten Sie die (mentalen) Notizen betrachten, die Sie sich in der Phase des kreativen Träumens gemacht haben. Stellen Sie sich die Frage wie Sie den jeweiligen Traum oder die jeweilige Idee realistisch umsetzen können und entwickeln Sie Schritte, die getan werden müssen, um den Traum zu realisieren. Berücksichtigen Sie dabei auch den Zeitrahmen und den Schwierigkeitsgrad, der benötigt wird um das Ziel zu erreichen. Schreiben Sie erneut mentale Notizen nieder.

Schritt Nummer Sieben: Erneut dürfen Sie sich eine kleine (oder große) Auszeit nehmen und die Position des Planers wieder verlassen.

Schritt Nummer Acht: Nehmen Sie als letztes die Position des konstruktiven Kritikers ein und betreten Sie den entsprechenden Raum. Dies tun Sie erneut indem Sie sich an eine Situation erinnern, in welcher Sie konstruktiv und erfolgreich Kritik ausgeübt und eine jeweilige Situation verbessert oder ein Problem gelöst haben. Auch das skeptische Denken kann Ihnen in dieser Phase helfen. Betrachten Sie nun die mentalen Notizen des kreativen Träumers sowie des realistischen Planers und suchen dort nach Schwachstellen und Paradigmen. Schauen Sie außerdem nach Schwachstellen und hinterfragen Sie ernsthaft, ob der, von Ihnen gefertigte Plan Sie auch wirklich an das gewünschte Ziel bringen kann. Sollte Ihnen in der letzten Phase auffallen, dass Sie noch Modifizierungen oder Änderungen vornehmen müssen, steht es Ihnen selbstverständlich frei den Prozess noch einmal von vorne zu durchlaufen oder aber sich erneut in einen bestimmten Raum und somit in eine bestimmte Phase zu begeben. Dies können Sie so lange praktizieren bis der kleine Kritiker in Ihnen vollkommen mit dem Ergebnis zufrieden ist.

Manipulationstechniken im NLP

Zu Beginn dieses Ratgebers wurde bereits die Betonung auf die Verantwortung gelegt, die Sie als Nutzer des Neurolinguistischen Programmierens besitzen. Vielleicht wundern Sie sich nun, dass es trotz dieser warnenden Worte ein Kapitel zum Thema Manipulationstechniken gibt. Wie kann so etwas denn zusammenhängen? Ihre Verwunderung ist zwar begründet, jedoch liegt dies nicht an der Manipulation an sich, sondern an der Art und Weise wie Manipulationen in unserem heutigen Zeitalter assoziiert werden. So verstehen wir heutzutage unter einer Manipulation so etwas wie das Nehmen des eigenen Willens und grundlegend eine eher negative Form der Beeinflussung einer anderen Person. So wird beim Begriff „Manipulation" oftmals angenommen, dass es dem Menschen möglich ist das Handeln, Fühlen und Denken einer zweiten Person (oder gar einer Personengruppe) zu seinen eigenen Gunsten zu beeinflussen, ohne Rücksicht auf mögliche Schäden der anderen Personen zu nehmen. Darüber hinaus wird oftmals angenommen dass der Manipulierte immer in eine Richtung bewegt wird, in die er ursprünglich nicht gehen wollte. So kommt auch die Annahme zustande dass der Manipulierte gegen die Manipulation ankämpft und dieser nur widerwillig Folge leistet.

So viel zu dem wie die Manipulation konnotiert wird. Tatsächlich ist die Manipulation nicht etwas, was wir bewusst ab und zu auspacken und dafür nutzen, andere Menschen zu Dingen zu zwingen, die sie sonst niemals tun würden. Vielmehr geschieht Manipulation tagein und tagaus, denn ein jeder Mensch handelt grundlegend aus eigenen, egoistischen Motiven und versucht so aus diesem reinen Egoismus eine andere Person von seinem Denken zu überzeugen, ihr seine Meinung aufzuzwingen oder Sie zu einem bestimmten Handeln zu bewegen. Da jeder Mensch ein egoistisches Wesen ist, ist eine Person, die er zu manipulieren versucht, in der Regel nicht bereit der Manipulation nachzugehen und sich dem Standpunkt des Anderen zu nähern.

Das bedeutet dass immer weitere Maßnahmen ergriffen werden müssen, um eine andere Person zu etwas zu bewegen und die Denkweisen des Manipulators und des Manipulierten anzugleichen. Dabei sollten Sie die ergriffenen Maßnahmen nicht als die große Zauberschau oder Kartentrick vorstellen. Vielmehr ergreifen wir alle diese Maßnahmen jeden Tag und tun dies meistens unbewusst. Bereits unsere Körpersprache und einfache Verhaltensweisen (oder eine Veränderung dieser) können dazu führen, dass das Denken, Fühlen oder Handeln einer Person verändert und manipuliert wird. Darüber hinaus fangen wir schon früh mit der Manipulation an. Erinnern Sie sich an Ihre Kindheit und an das Verhalten, welches Sie vielleicht an den Tag gelegt haben um gewisse Dinge zu erhalten oder andere Privilegien zu erlangen. Eine gut eingesetzte Träne oder ein kleines Lächeln im richtigen Moment kann einiges bewirken.

Ein weiterer Punkt, der zum Thema Manipulation oft außen vor gelassen wird ist, dass die Manipulation auch eingesetzt werden kann um etwas Positives zu erzielen und dem anderen Menschen, beziehungsweise dem manipulierten Menschen, etwas Gutes zu tun. Gleichermaßen können Sie Manipulationstechniken nutzen um sich selbst zu einem bestimmten Verhalten zu manipulieren. Nachfolgend werden Ihnen verschiedene Manipulationstechniken erklärt, die Ihnen hoffentlich beweisen können dass die Manipulation nicht so bedenklich ist wie viele immer meinen, sondern auch nützliche Aspekte beinhaltet.

Die Wiederholung

Wir Menschen sind Gewohnheitstiere und genau darauf zielt diese Manipulationstechnik ab. Dabei handelt es sich bei der Manipulationstechnik der Wiederholung um eine der harmlosesten Techniken, die uns dennoch immer wieder dazu bewegen, Dinge zu tun oder zu denken obwohl wir dies sonst nicht tun würden. Vielleicht fallen Ihnen hier bereits eigene Beispiele dieser Art der Manipulation ein, denken Sie nur einmal an die verschiedenen Werbungen in denen der Produktname so oft wiederholt wird, dass wir ihn gar nicht erst vergessen könnten. Auch politische Reden sind ein Paradebeispiel für die Manipulation der Wiederholung. Diese Technik funktioniert so gut bei uns, weil wir uns an Dinge gewöhnen die immer wieder passieren. Ein Satz, der mehrmals wiederholt wird, wird somit immer verständlicher für uns und brennt uns seinen Inhalt mehr oder weniger ins Gehirn. Ein Produkt, welches wir immer wieder vor die Nase gesetzt bekommen, wird mit der Zeit zu keinem unbekannten Gegenstand mehr, sondern zu etwas was wir ja vielleicht wirklich gebrauchen könnten wenn es die Situation zulässt.

Gleichermaßen kann diese Manipulationstechnik jedoch auch für positive Dinge genutzt werden. Unsere Lehrer in der Schule haben die Wiederholungen zum Beispiel genutzt um das Gelernte bei uns Schülern zu verinnerlichen, damit wir das Wissen über Mathe, Deutsch und Englisch (größtenteils) heute noch besitzen. Gleichermaßen können Sie sich selbst positiv bestärken, wenn Sie sich bestimmte positive Aussagen immer wieder vor Augen führen und sich an Ihre positiven Eigenschaften erinnern. Es handelt sich bei dieser Manipulationstechnik des Wiederholens also um nichts anderes als eine alltägliche Manipulation, die uns in den meisten Fällen gar nicht auffällt und dennoch immer wieder beeinflusst.

Die Fuß-in-der-TÜr-Manipulation

Diese Methode der Manipulation wird auch die „Beharrungsfalle“ genannt und mit großer Sicherheit sind auch Sie auf diese Manipulation schon das eine oder andere Mal in Ihrem Leben hereingefallen. Vielleicht erinnern Sie sich noch an das letzte Abonnement, welches Sie abgeschlossen haben, sei es für einen Musik-Streaming-Account oder für eine Zeitschrift. War in Ihrem Fall der erste Monat oder das erste Exemplar dieses Abonnements kostenfrei?

Dann wurden Sie mit großer Wahrscheinlichkeit zu einem Abschluss des Abos manipuliert (was nicht unbedingt etwas Schlechtes sein muss). Ziel dieser Manipulationstechnik ist es nämlich, einen Fuß in die Tür zu bekommen, wie der Name bereits verrät. Es geht darum, einen gemeinsamen Interessenspunkt zu finden, sei es die Liebe zur Musik oder das Interesse für ein bestimmtes Magazin. Im Supermarkt, auf dem Marktplatz oder telefonisch werden uns immer wieder Gratisproben und kostenfreie Probemonate angeboten. Sobald wir auf dieses verlockende Angebot eingehen hat die andere Person, in diesem Fall der Manipulator, den Fuß in der Tür und kann uns mit weiteren Manipulationstechniken dazu locken, nicht nur das Gratis-Exemplar zu nutzen sondern auch über einen längeren Zeitraum in etwas zu investieren.

Diese Manipulationstechnik ist uns weitestgehend von den zuvor beschriebenen Szenarien bekannt. Aber auch im zwischenmenschlichen Handeln kann mit solch einer Beharrungsfalle ein gewisses Verhalten erzeugt und manipuliert werden. So kann Frau Mustermann Ihren Partner dazu verleiten einen Schritt in die Richtung zu gehen, in welche Sie ihn schicken möchte. Zum Beispiel kann Frau Mustermann Ihren Partner zu einem gemeinsamen Kinoabend einladen, wer würde dazu schon „Nein" sagen? Dadurch, dass Herr Mustermann dieses Angebot jedoch angenommen hat, liegt es anschließend an ihm das nächste Date zu organisieren, um so quasi etwas für das Gratis-Produkt von Frau Mustermann zurückzugeben. Sie sehen erneut, dass diese Art der Manipulation nicht immer negativ ausgelegt werden muss, denn Herr und Frau Mustermann könnten durch Ihre neue Dating-Strategie ihre Partnerschaft neu beleben und verbessern.

Die Freundschafts-Manipulation

Diese Art der Manipulation wird ebenfalls seltener als Manipulation wahrgenommen, was wahrscheinlich daran liegen könnte dass sie uns hilft auf positive Art und Weise zu manipulieren. Bei dieser Technik geht es nämlich in erster Linie darum, das Eis zu brechen und Bekanntschaften sowie Freundschaften zu schließen. Der Trick liegt darin eine Gemeinsamkeit zu finden und auf Basis dieser ein Gespräch aufzubauen. Dies kann einfacher geschehen, als Sie es sich vielleicht gerade vorstellen. Nehmen wir Frau Mustermann als Beispiel, die in diesem Szenario ihren ersten Arbeitstag in einer neuen Firma hat. So trifft Frau Mustermann auf ihre neue Arbeitskollegin und möchte ein Gespräch anfangen. Zunächst läuft das Gespräch eher schleppend, doch als ihre Arbeitskollegin folgende Aussage macht: „Ich habe einen Golden Retriever zuhause, der nachher noch Gassi gehen muss.“, sieht Frau Mustermann ihre Chance. So antwortet sie: „Ich liebe Golden Retriever! Ich selbst hatte in meiner Kindheit einen Hund dieser Rasse, es sind einfach die tollsten Hunde!“. Frau Mustermanns Arbeitskollegin wird mit großer Wahrscheinlichkeit großes Gefallen an dieser Aussage finden, denn diese deutet auf eine gemeinsame Vorliebe hin auf deren Basis sich weitere, tieferführende Gespräche entwickeln können. Frau Mustermann und ihre Arbeitskollegin erhalten durch diese einfache Art der Manipulation (wobei Manipulation nicht gleichzeitig bedeuten muss, dass Frau Mustermann lügt) das Gefühl, auf einer Wellenlänge zu sein.

Gleichermaßen kann diese Manipulationstechnik jedoch auch für negative Zwecke genutzt werden. In Verkaufsgesprächen zum Beispiel wird oft versucht einen persönlichen Draht zu der zu manipulierenden Person zu finden. Dies soll zu einem Gefühl der Gemeinsamkeit oder gar Vertrautheit führen, was wiederum einen Kauf des jeweiligen Produkts begünstigt. Sie sehen: Jede Manipulationstechnik besitzt ihre Vor- und Nachteile.

Die Angst-Manipulation

Bei der Angst-Manipulation handelt es sich um eine beinahe gefährliche Art der Manipulation, denn sie wird immer wieder von Individuen ausgenutzt um größere Ziele zu erreichen und Angst und Unzufriedenheit in der Gesellschaft zu schüren. Grundlegend funktioniert diese Manipulation indem der Manipulator in einer sehr emotionalen Art und Weise eine gewisse Angsterzeugung vorbereitet. Dadurch, dass der Mensch grundlegend subjektiv denkt und gleichzeitig irrational fühlt, lassen wir uns schnell von einer solchen Angst-Mache beeinflussen. So kommt es nicht selten vor dass in Business-Meetings sehr leidenschaftlich und emotional über das geredet wird, was schief gehen könnte und was durch eine extra Portion Arbeit vermieden werden kann. Insbesondere durch die emotional-leidenschaftliche Sprache wird beim Zuhörer die Angst geschürt und gleichzeitig die Motivation gefördert, der Problematik entgegenzuwirken. Selbstverständlich ist die Angst-Manipulation keine nette Art der Beeinflussung, denn wer arbeitet schon gerne unter Druck und Angst. Sie kann jedoch dazu genutzt werden, die Ziele vor Augen zu führen und die Produktivität zu steigern. Gleichermaßen wird diese Manipulationstechnik jedoch auch genutzt um gleich ganze Menschenmengen zu einer bestimmten Meinung oder gar Panik zu beeinflussen. Es gilt nämlich: Je größer die Menschenmenge, desto mehr Angst empfindet jeder Einzelne. Aufgrund dieses Herdentriebs, dem auch wir Menschen unterliegen, wird diese Manipulations-Methode auch gerne von politischen Parteien oder Gegnern verwendet, um Hass und Angst zu schüren.

Die Herdentrieb-Manipulation

Diese Manipulations-Art spielt auf den zuvor genannten Herdentrieb an. Die Prämisse dieser Manipulation ist, dass der Mensch sich selbst als einzelne Person bevorzugt nach Gruppen ausrichtet. Genauso richtet sich eine kleine Gruppierung nach der nächstgrößeren Gruppe aus und so weiter und so fort. Was eine große Gruppe als richtig ansieht und wie sie handelt wird von der nächstkleineren Gruppe in der Regel als gut wahrgenommen oder sogar imitiert. Selbstverständlich kann diese Manipulation für negative Dinge eingesetzt werden, sie kann Ihnen jedoch auch als Einzelperson helfen. Insbesondere in neuen Umfeldern, wie dem Arbeitsumfeld, hilft Ihnen die Herdentrieb-Manipulation dabei sich zu integrieren und schon bald dazuzugehören. So kann es sein, dass Sie aus Ihrem alten Arbeitsumfeld eine komplett andere Arbeitsweise gewohnt sind. In Ihrem neuen Job jedoch laufen die Dinge anders. In der Regel werden Sie sich jetzt umgewöhnen und mit Ihren neuen Arbeitskollegen mitziehen. Tun Sie dies nicht, kann es sein, dass Sie deutlich länger als Außenstehender betrachtet werden und weniger schnell Bekanntschaften sowie Freundschaften schließen können.

Mit NLP das Leben meistern und verantwortungsvoll leben

In diesem Ratgeber durften Sie eine Menge über das neurolinguistische Programmieren lernen. Sie haben die Grundsätze des NLPs kennengelernt und kennen nun die wichtigsten Techniken und Strategien, mithilfe derer Sie Ihr Leben positiver und hochwertiger gestalten können. Selbstverständlich kann dieser Ratgeber nicht den gesamten Umfang des Neurolinguistischen Programmierens darstellen, dafür müsste er ungefähr zehnmal so lang sein. Ziel dieses Ratgebers war es, Ihnen einen Einblick in das NLP und all die Vorteile zu bieten, die es mit sich bringt.

Die Übungen, die Ihnen in diesem Buch vorgestellt wurden, mögen auf den ersten Blick vielleicht etwas kompliziert oder schlecht umsetzbar erscheinen, jedoch wird es Ihnen möglich sein alle Übungen nach und nach umzusetzen und von ihnen zu profitieren. So arbeitet das Neurolinguistische Programmieren hauptsächlich mit dem „Learning by doing" also dem Lernen durch Ausprobieren. Wer eine Übung in Betracht zieht und beim Durchlesen der Durchführung skeptisch wird, der sollte versuchen, diese Skepsis schnell abzulegen und neutral in diese Übung zu gehen. Nur wenn Sie mit einer unvoreingenommenen Meinung an das NLP gehen werden die vielen einzelnen Übungen Ihnen helfen und Erfolg bringen. Mit der Zeit wird es Ihnen immer leichter fallen die Übungen durchzuführen und den eigenen Geist so mit immer mehr positiven Dingen zu versorgen. Mit noch mehr Zeit werden Sie dieses Buch wahrscheinlich auch gar nicht mehr brauchen, denn Sie werden lernen, die Übungen mitten im Alltag abzurufen, immer dann wenn Sie sie benötigen. So lassen sich selbst alltägliche Entscheidungen mithilfe des neurolinguistischen Programmierens grundiert und positiv entscheiden, was für Sie zu einem hochwertigen und positiven Leben führt.

Das Neurolinguistische Programmieren hat die Fähigkeit Ihr Leben auf den Kopf zu stellen (im positiven Sinne natürlich) und aus Ihnen einen selbstsicheren, selbstbewussten und entscheidungsstarken Menschen zu machen.

Selbstverständlich sind einige der Kritikpunkte, die immer wieder gegen das Neurolinguistische Programmieren genannt werden, zumindest teilweise begründet. Wer das NLP beherrscht, für den ist es ein Leichtes andere Menschen zu seinem Vorteil zu manipulieren und zu beeinflussen. Was hierzu jedoch dringend gesagt werden muss ist, dass das NLP niemals darauf abzielt anderen Menschen zu schaden oder nur für die eigenen Vorteile – ohne Rücksicht auf Verluste – zu nutzen. Deswegen möchte Ihnen dieser Ratgeber ans Herz legen, das Neurolinguistische Programmieren nur mit guten Absichten zu nutzen und dadurch Ihr eigenes Leben und das Leben Ihrer Mitmenschen zu bereichern. Begreifen Sie, dass Sie durch das Neurolinguistische Programmieren eine Verantwortung besitzen, welche nicht leichtfertig ausgeübt werden sollte. Das NLP besitzt eine absolut positive Grundabsicht, die Ihnen helfen soll das eigene Leben zu verbessern und zu bereichern, damit Sie Ihr eigener Mensch werden, sich selbst besser kennenlernen und von Erfolg gesegnet sind.

Viel Erfolg beim Ausprobieren und Umsetzen der vielen verschiedenen Techniken und Methoden und beim intensiven Ergründen des eigenen Charakters!

Impressum:

1. Auflage

Covergestaltung: Lauria
Coverfoto: Depositphotos_25231129_l-2015

Herausgeber:
Mike Taubald
Eisenberger Straße 90
07629 Hermsdorf

ANNA-LENA KUEHL

[i] Amitai Etzioni: *The Spirit of Community: The Reinvention of American Society*, Touchstone, 1993, S. 91; vgl. Amitai Etzioni u. a.: *Character Building of a Democratic, Civil Society*, Washington, D.C.: The Communitarian Network, 1994

[ii] John Anderson: *Language memory and thought.* Erlbaum, Hillsdale 1976.

[iii] Patricia H. Janak, Kay M. Tye: *From circuits to behaviour in the amygdala*. In: *Nature*. Band 517, Nr. 7534, S. 284–292

[iv] Regine Claussen: *Einsamkeit - Zur Begriffsgeschichte eines Gefühls*. In: *Semiosis. Internationale Zeitschrift für Semiotik und Ästhetik*. 17. Jahrgang. 1992, Heft 1–4. S. 99, online, abgerufen am 22. Juni 2020

[v] Friedemann Schulz von Thun: *Miteinander Reden. 1: Störungen und Klärungen*. Reinbek bei Hamburg 1981, S. 13 ff.

[vi] M. H. Erickson, E. L. Rossi, S. L. Rossi: *Hypnose: Induktion – psychotherapeutische Anwendung – Beispiele.* Pfeiffer, München, 1991

[vii] Alexander Mette: *J. P. Pawlow. Sein Leben und Werk.* Dobbeck, München 1958.

[viii] John Martin, Ros Bel, Eion Farmer: *B822 – Technique Library.* The Open University, Milton Keynes (USA) 2000 (SUP 501395)

Printed in Poland
by Amazon Fulfillment
Poland Sp. z o.o., Wrocław

76944194R00067